寺僧空山傳
사승공산전

황성길 저

寺僧空山傳(사승공산전)

지 은 이 | 황성길
초판발행 | 2025년 9월 28일
발 행 인 | 문상필
표지디자인 | 권태궁
편집디자인 | 권태궁
펴 낸 곳 | 주식회사 애니빅
출판등록 | 제2008-000010호
주   소 | 서울시 영등포구 경인로 82길 3-4 (문래동 1가 센터플러스 715호)
대표전화 | 02-2164-3840
팩   스 | 050-4386-7176
홈페이지 | www.anibig.com
이 메 일 | 0221643840@daum.net
가   격 | 23,000원

ISBN 979-11-87537-91-5 03800

ⓒ 저작권은 저자에게 있습니다. 저자와 합의해 인지는 생략합니다.
* 잘못 만들어진 책은 구입하신 서점에서 교환해 드립니다.
  Printed in KOREA

글 앞에

　번뇌로 가득 찬 오늘도 올려다보면 희뿌연 하늘 회색 구름 사이로 전투기가 시끄럽게 지나간다. 의식의 존재 생명까지 오염되어 능력이 도덕보다 우선이라는 혼탁한 자들의 집착과 욕망에 대한 갈등뿐이라 계를 지키며 살아가는 사람이 드물다.
　희끗거리는 머리카락마저 빠지는 하루해가 뉘엿뉘엿 지는 나이. 남은 일이 아프고 힘들고 분노하다 한 줌의 흙이 되는 것인가? 모든 걸 가지고 달아나는 세월이라 챙겨야 할 마음까지 스러질까 걱정이다.
　진리에 대하여 안심을 나누고 문답할 참스승을 만나지 못한 채 스스로 깨닫지 못하고 번뇌를 없애주는 산이나 영험이 서려 있는 절을 찾아다닌다.
　돌이켜보면 지금부터 44년 전 바닷가 인문계 고등학교에서 근무할 때를 잊을 수 없다. 젊음이 반짝하던 시절 3년간 3학년 교과목을 연이어 담당하다 무심으로 자신을 잘 다스리지 못한 탓인지 원인 모르는 병에 시달렸다. 근육이 뒤틀리고 전신 마비의 아픔이 반복되어 죽음 외엔 아무것도 생각되지 않았다. 이승만 대통령 주치의였던 한의사를 비롯하여 서울대학병원 등 유명한 병원 여러 곳을 다녔지만, 차도가 보이지 않았다.
　다량의 알약이 즐비한 하숙방에서 고열과 통증을 견디며 6살 아들과 5살 딸 남매를 떠올리며 제발 일년만 아니 십 년만 더 살 수 있게 해달라고 두 눈을 감고 하늘을 향해 울먹이는 기도를 드렸다.

삶과 죽음을 힘겹게 넘나드는 어둠 가득한 자정 초점 잃은 눈과 신음소리 사이로 흰옷 입은 수많은 영혼들이 행렬을 이루며 줄지어 사후세계의 낯선 빛을 따라 이끌려 가고 있었다. 혹 아는 사람이 있을까 살펴보다가 그들에게 어디로 가느냐고 말을 걸었지만, 고개 숙인 무표정한 얼굴로 윤회의 길을 하염없이 걸어갔다.

꿈인지 생시인지 멀고 먼 높고 깊은 어디선가 반야심경에 의지하라는 소리가 들렸다. 무의식의 환시와 환청에서 정신을 되찾아 깨어난 몸에 식은땀을 훔치며 그들의 행렬에 끼어 따라가지 않았음과 죽음이 스쳐 갔음을 느꼈다.

그후 제법무아의 깨달음을 잘 아는 불교 경전의 심장 반야심경을 구도자의 심정으로 송경하고 사경하기로 마음먹었다.

260자 중 7번 나오는 인연에 의해 나타났다 인연에 의해 사라지는 공(空)이 너무 좋아 관찰과 반성으로 가슴 깊이 심었다. 병에 걸리거나 낫는 것도 공(空)의 현상이라 나라는 실체가 없고 다만 마음뿐이라는 고요한 깨달음이다.

반야심경과의 인연으로 소원없는 소원이 이루어진다는 만 번의 사경을 하며 소걸음으로 담금질을 반복하였다. 강산이 네 번이나 바뀐 40년 땅에서 넘어진 자 땅을 딛고 일어나라는 지눌 스님의 말을 딛고 새벽이면 내불사에서 사경하여 지혜가 마음 안으로 물들어감을 느꼈다.

고해의 삶이지만 하나를 내주면 하나를 얻는 게 인·연·과의 법칙이다.

수행의 중요한 신심은 부처님의 영험한 가피에서 나타난다. 광명의 자비심으로 중생을 이롭게 하는 부처님의 힘이 기다려준다. 나 또한 그동안 부처님의 가피를 분에 넘치게 받았다. 어리석은 돼지처럼 저질러 쌓인 업과 번뇌를 반야심경을 사경하면서 절실히 체험하였다.

그믐밤 운문산 산길을 헤멜 때 개똥벌레 여러 마리가 나타나 반딧불을 반짝거려 표충사까지 인도한 일. 탐욕에 눈이 먼 자들과 16년간 투쟁하여 재건축을 해제시킨 일. 겨울밤 비슬산 천왕봉 바위 옆에 잠들다 죽음의 수렁에서 수호신

관음보살의 모습이 나타나 깨워주어 동사를 면한 일. 자정에 6차선 도로에서 시속 100km 오토바이와 충돌했으나 차는 박살이 났지만 상처하나 없게 무사한 일. 91세 어머니가 내 품에 안겨 마지막 사진을 찍어주시고 2초 후 임종한 일 등 불가사의한 신비스러운 일이 많았다.

깊은 묘미의 반야심경을 사경하는 종심불퇴의 노력과 함께 부처님의 가슴 뭉클한 가피력의 은혜에 조금이나마 보답하고 싶다.

무색계의 최상천 33천 (도리천), 석가모니부처님부터 육조혜능까지 33명, 자유 완성 조화인 불교의 법수 33이라는 제목으로 졸렬한 글을 모았다.

깨침의 미학도 모르고 돈오의 느낌을 가지지 못하여 불두착분의 누를 저질러 송구할 뿐이다.

어둠에 쫓기는 바람처럼 비가 내리기 전 널린 빨래를 거두는 심정으로 팔순을 맞이하려고 간행하다보니 부족하고 잘못된 부분은 독자의 이해를 기다린다.

끝으로 몸과 마음의 길 따라 삶의 강을 건너 산을 넘어오면서 부처님 곁에 흔들림 없는 마음으로 계시는 김화자 김진기 남은식 문정순 양태환 우석희 이경 이경희 이귀란 홍은영 서한숙 김영동 박미선 홍성진 이동호 진선임 그리고 석종화 도원 석연 명산 여형 일진 법공 은공 현진 현풍 혜능 스님들에게 색이라는 낟알을 둥글고 멋지게 갈아 성불하시길 두 손을 모읍니다.

출판계의 어려운 형편에도 도와주신 애니빅 문상필 사장님께 감사드리며, 가진 것 없어도 짜증 낼 줄 모르고 더 많은 것을 바라지 않으며 반평생 사랑과 정성을 아끼지 않은 아내와 출판의 기쁨을 환한 웃음으로 함께 나눈다.

"2025. 09. 28 - 내불사에서 황 성 길"

목차. 1

1. 한국 33 관음성지

고운사	범어사	신흥사
구룡사	법주사	쌍계사
금산사	법흥사	용주사
기림사	보문사	월정사
낙산사	보리암	은해사
내소사	봉은사	조계사
대흥사	불국사	직지사
도선사	선운사	통도사
동화사	송광사	향일암
마곡사	수덕사	해인사
백양사	신륵사	화엄사

2. 큰스님 33인

경허	인곡	향곡
학명	고봉	운허
남전	동산	묵담
혜월	효봉	경봉
용성	금오	탄허
운봉	청담	구산
만공	해안	동헌
한영	원각	혜암
한암	전강	영암
만암	춘성	고암
석우	추담	성철

목차. 2

3. 공(空) 33

공이여	부처님이시여	여형 스님
괜찮다고	분신물	웃음거리
구도(求道)	불영사	유수
그랬구나	사경	우리 님이 없으시면
나는 이다	산채정식	이별은 짧게
더와 덜	삼림	꿈
따라서 운다	상재부처님	친구야
무지개	설빔	콜벤 신부
무풍한 송로	소리	타각(他覺)
반야옥	소석(笑石)	탄공(吞空)
본시무일물	어머니	표시석

4. 이야기 33

고독	무착	욕심
고려장	발자국	용서(容恕)
관찰 4) 금화	보람	우비고뇌(憂悲苦惱)
기쁜 나무	보시	인욕
두 아기	사랑	전생 이야기
똥꾼	소	죄
마마호호(馬馬虎虎)	손발	초상화
마음	슬픔	허씨 부인
만족	식(識)	환경
망	신발	흑야
명화	오해	

목차. 3

5. 산 33과 반야심경

기백산	명성산	통고산
금원산	소구리산	도덕산
가리왕산	청옥산	잠두산
달마산	황학산	광덕산
덕숭산	백운산	성불산
동대산	검단산	유명산
달음산	현성산	태학산
둔덕산	사랑산	몰운산
명지산	오서산	주작산
민둥산	칠보산	비슬산
백마산	장산	수락산

① 관음성지 33

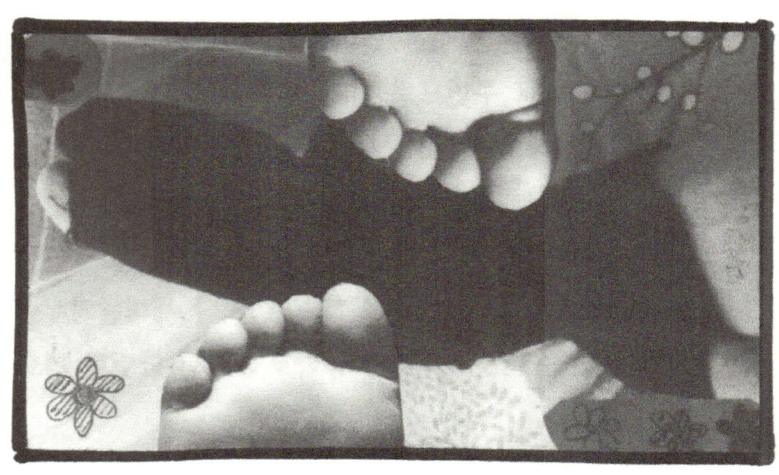

아무리 좋은 것도 없는 것만 못하다.

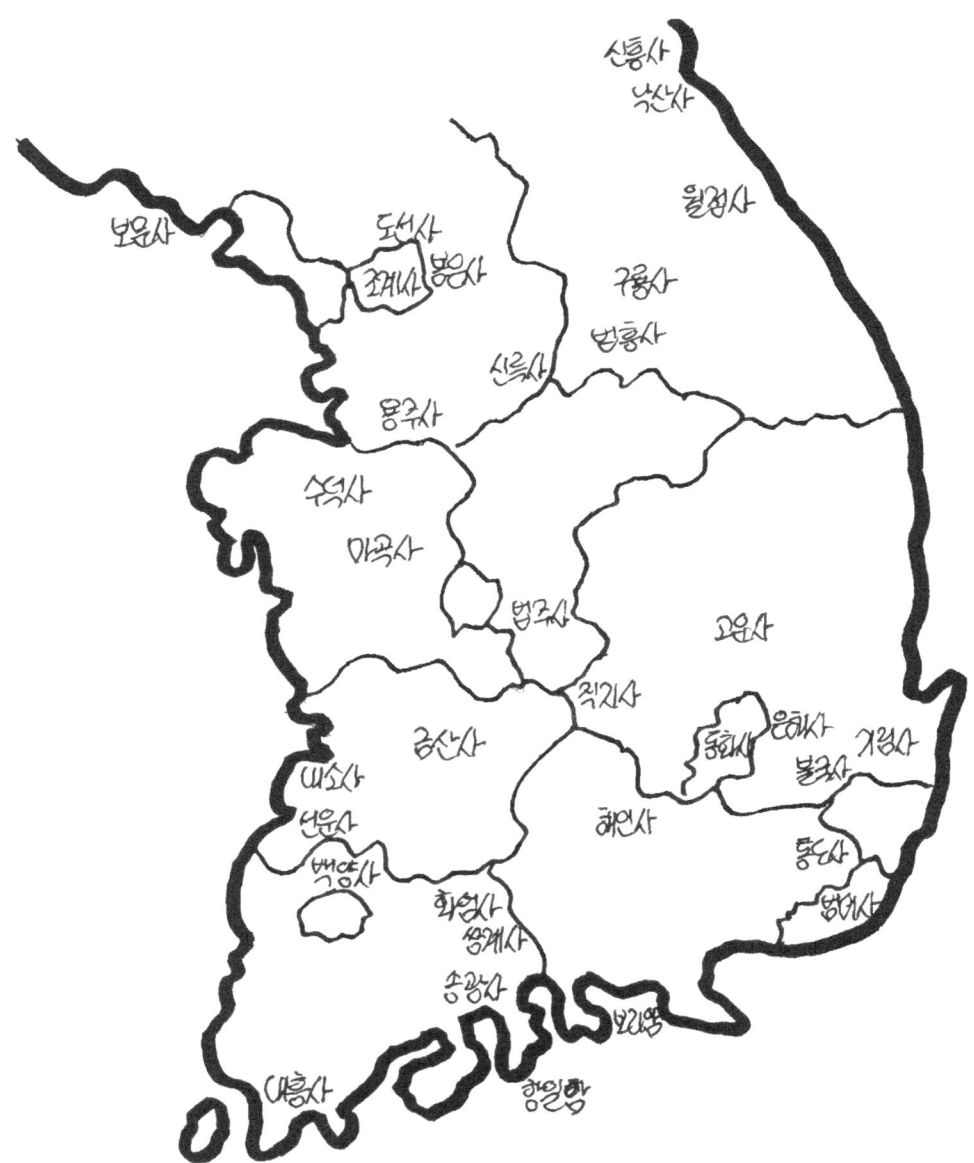

고운사(孤雲寺)

경상북도 의성군 단촌면 고운사길 415

등운산 자리에 자리 잡은 고운사는 681년(신라 신문왕) 의상대사가 창건한 절이다.

예부터 저승에 가면 염라대왕이 영험이 있는 고운사 명부전에 다녀왔느냐고 물어본다는 민담이 전해진다.

높이 구름 위에 있는 절이라 높을 고(高)를 사용한 고운사였는데 고운 최치원이 기거하며 여지 스님과 여사 스님과 함께 중창 불사 후 최치원의 고운이라는 호를 붙여 외로운 구름이라는 고운(孤雲)으로 불리어졌다.

속세와 멀리 떨어져 단아하고 아늑한 사찰로 누구나가 오래도록 머물고 싶은 곳이다.

임진왜란 때 현실과 역사를 외면하지 못한 사명대사가 승병을 조직하여 승군의 기지로 고운사를 사용하였다.

지장보살의 영험 성지로 해동 제일 지장 도량으로 소원을 빈 돌탑들이 수많이 있지만 2025년 봄 의성에서 시작된 산불로 전소하여 꽃이 비처럼 떨어져 흩날리는 우화루와 구름 뒤에 둘러싸인 가운루가 소실되었고 믿기지 않게 범종까지 갈라졌다.

번뇌인 나무가 지혜의 불로 사라지면 극락을 이룬다는데…….

구룡사(龜龍寺)

강원도 원주시 소초면 구룡사로 500

치악산 기슭에 자리한 구룡사는 중국에서 신라에 불법을 널리 펴겠다는 원력을 세우고 돌아온 의상대사가 668년(신라 문무왕)에 창건한 호국 청정 기도 도량이다. 존엄하신 부처님을 모시려고 도량을 물색하다가 9마리 용이 살고 있는 연못을 메워 절을 지었다. 9마리 용이 살았다는 뜻으로 절 이름을 아홉 구(九)를 사용한 구룡사라 하였는데 구룡사에 대한 안 좋은 소문으로 인하여 신도들의 발걸음이 줄어들었다.

이때 한 스님이 찾아와 절 입구의 거북바위를 없애면 좋을 것이란 말에 바위를 부숴버렸지만, 오히려 신도들의 발걸음이 더 끊어지고 말았다. 이후 거북이를 다시 살린다는 뜻에서 절의 이름을 거북이 구(龜) 자로 고쳤다.

길흉과 존망을 아는 성스러운 거북이 연꽃을 토하는 천하의 승지다. 이름을 바꾼 다음 중흥하였다,

금산사(金山寺)

전라북도 김제시 금산면 모악 15길 1

모악산 남쪽 만경평야 한복판에 자리한 금산사는 595년 백제 법왕이 왕실의 번영과 안녕을 위해 창건한 절이다. 모악산은 어머니가 어린아이를 안고 있는 모양의 바위가 있어서 산의 이름이 되었지만, 원래는 황금이 이 산에 많아 금산이라 불렀고 그에 따라 금산사가 되었다.

762년 신라 경덕왕 때 진표율사가 피를 토하며 17년간 수행한 끝에 미륵을 찬견하며 중창 불사를 일으켰다.

소원을 이루려면 미륵을 만나야 하기에 견훤 이성계 정여립 등은 금산사를 찾아갔다. 하지만 삼국통일을 하려던 견훤은 아들에 의해 3개월간 강제 유배되어 눈물을 흘린 곳이다.

가장 영험한 미륵 도량인 금산에 배고프고 가난한 사람에게 부처님 법보다 밥이 먼저라며 요익중생의 삶을 살다간 송월주 스님의 부도가 있다.

미륵전(국보 62호), 대장전(보물 827호), 석련대(보물 23호)가 있다.

기림사(祇林寺)

경상북도 경주시 문무대왕면 호암리 419

인도의 기원정사 기(祇)와 옛 이름 임정사의 임(林)이 합친 기림사는 643년(신라 선덕여왕)에 인도 승려 광유(光有) 스님이 창건하고 원효대사가 중창한 절이다.

깊은 산골에 위치하여 천혜의 전략적 요충지로써 임진왜란 때 경주지역 승병과 의병이 활동한 근거지로 중심 사찰이었다. 함월산 자연과 잘 어울려 포근한 절이지만 1863년에 화재가 발생하여 전각이 소실되었으나 경주 부윤이 시주하여 복원되었다.

대적광전 남쪽에 왜적을 진압한다는 뜻으로 만든 진남루가 있으며, 아미타불을 믿고 의지하여 다음 생에 극락정토를 원하는 정토 신앙의 불교 수행을 상징하는 불수(佛水) 법수(法水) 승수(僧水) 혜수(慧水) 차수(茶水) 다섯 가지 맛을 내는 물이 유명하다.

삼층석 옆 힘이 솟는다는 장군수, 천왕문 안쪽 까마귀가 바위를 쪼아 만든 오탁수, 절 초입에 눈이 밝아진다는 명안수, 후원에 마음이 고요하고 평화로워진다는 화정수, 북암에 맑고 단 이슬 같다는 감로수가 있었으나 일제 강점기 장군이 태어날까 두려워 물길을 막아 지금은 안타깝게 화정수만 남아있다.

대적광전(보물 833호), 건칠보살좌상(보물 415호), 삼신불(보물 958호)이 있다.

낙산사(落山寺)

강원도 양양군 강현면 낙산사로 100

관동 3대 명산인 오봉산 자락에 위치하여 동해 바다가 한눈에 보이는 낙산사는 671년(신라 문무왕) 화엄종의 종조인 의상대사가 창건한 3대 관음 기도 도량의 하나이다.

원효대사가 신흥사에 있을 때 의상대사가 관음보살을 만나기 위하여 낙산사 동쪽 벼랑에서 27일간 기도를 올렸으나 뜻을 이루지 못하여 바다에 투신하려다 바닷가 굴속에서 관음보살이 나타나 여의주를 주었다. 그리고 산 위로 수백 걸음 올라가면 두 그루의 대나무가 있는데 그곳이 바로 원통보전의 자리라며 절을 지으라고 일러주었다.

일연선사는 의상대사를 찬양하는 시를 썼다.

'숲 헤치고 바다 건너 연기와 티끌 무릅쓰고
지상문 열리자 보배 구슬 받았도다
잡화를 깨다가 고국에 심었으니
종남과 태백산이 한 빛의 봄일러니'

낙산사는 관음보살이 설법을 펼치며 항상 머무는 보타나가산에서 그 이름이 유래한 것이지만, 2005년 화재로 동종까지 녹아 버렸다. 그 후 국민의 정성을 모은 원력으로 중창 복원하였다.

문화재로 칠층석탑(보물 499호), 관음보살좌상(보물 1362호), 해수관음사리탑(보물 1723호)가 있다.

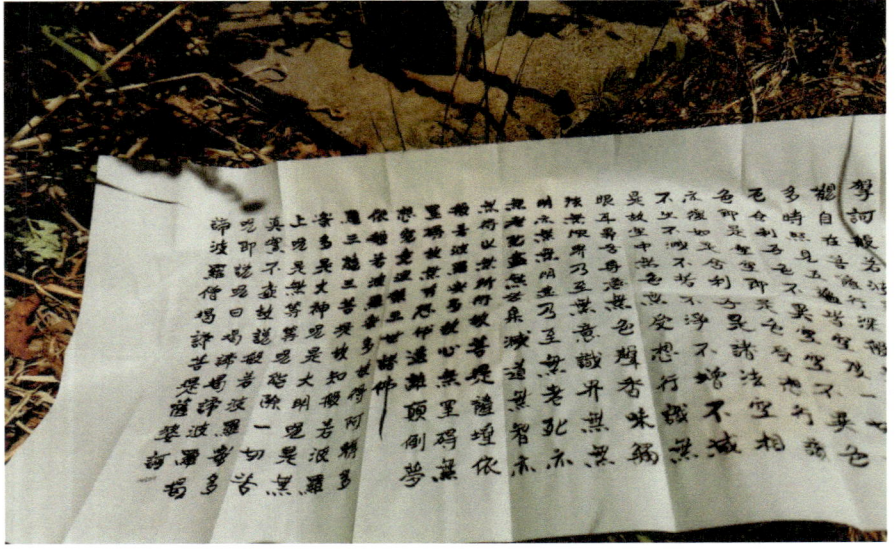

내소사(來蘇寺)

전라북도 부안군 진서면 내소사로 243

변산반도 남동쪽 능가산 기슭에 내소사는 633년(백제 무왕) 두타선사가 소래사로 창건하여 서해 제일의 관음 기도 도량으로 손꼽힌다.

임진왜란 때 대부분의 전각이 소실되었으나 청민선사 관해선사 만허선사에 의해 중축되었다.

청민선사가 대웅보전 단청불사할 때 담당 화공이 단청 불사 끝날 때까지 법당 출입을 금할 것을 당부하였다. 그러나 사미승이 단청 불사의 진행 과정이 궁금하여 법당 안을 보고 말았다. 그때 법당 안에 오색 영롱한 파랑새가 입에 붓을 물고 그림을 그리고 있었다. 그 순간 호랑이의 포효소리와 함께 파랑새가 날아가 버렸다는 설화가 있다.

극락을 향하는 반야용선 같은 대웅보전 후불벽화 백의 관음보살 좌상에 합장하고 관음보살과 눈을 맞추며 걸으면 소원이 이루어진다는 얘기가 있다.

대한민국 2대 부통령 김성수가 1907년 내소사에서 공부하였으며 1915년 선지식 학명 스님이 주지로 있으면서 월명선원을 중창하였다.

대웅보전(보물 291호), 영산호괘불태화(보물 1268호)가 있다.

26_寺僧空山傳

1. 관음성지 33_27

대흥사(大興寺)

전라남도 해남군 삼산면 대흥사길 400

소백산맥의 남단에서 남해를 보며 우뚝 솟아나 빼어난 절경을 자랑하며 대흥산으로 불리던 두륜산 그 산의 서쪽 기슭에 자리 잡은 대흥사는 544년 신라 진흥왕이 어머니인 소지 부인을 위해 아도화상을 통해 창건되었다.

선승과 교학승을 길러낸 한국 불교의 중심 도량으로 풍담 스님부터 초의선사에 이르기까지 만화 범해 등 13분의 대강사를 배출하였다.

임진왜란 때 서산대사가 승군의 총본영을 대흥사에 두어 화를 면했다.

특히 조선 말기 초의선사는 대흥사에 주석하면서 차문화의 성지 일지암을 짓고 차에 대한 역사, 종류, 만드는 법 등을 설명하는 동다송을 지었다.

40년간 혼자 마시면 속세의 번뇌를 떠나게 하므로 차와 선이 같다는 다선일경지를 실천하며 잘못을 아는 것이 깨달음이라고 했다.

대웅보전의 현판은 추사 김정희의 필적이라 전해진다.

마애여래조상(국보 308호), 서산대사부도(보물 1347호), 탑산사동종(보물 88호)이 있다.

도선사(道詵寺)

서울특별시 강북구 삼양로 173길 504

서울의 진산인 북한산 백운봉 자락에 자리 잡은 도선사는 862년(신라 경문왕) 도선 대사가 창건하였다.

7일 동안 기도를 드린 도선 대사가 손으로 20m인 큰 바위를 반으로 쪼갠 후 8m 크기의 관음보살상을 새긴 마애불이 있다.

왕건이 왕이 될 것임을 예언한 도선 대사는 천년 후 말법 시대가 도래하면 불법이 재흥할 곳이라 예견하고 절을 지었다고 한다.

정진 효봉 설법 동산 지혜 전강과 더불어 불교계에 인욕 청담을 간과하고 도선사를 말할 수 없다. 한국 불교 정화의 선구적 역할로 세속화된 불교를 부처의 본연의 진리를 보이고자 생활불교, 실천불교, 수행불교를 행하는 청담의 숨결이 아직도 살아 숨쉰다. 108 산사를 찾아 108 참회하는 기도로 108 번뇌를 소멸시키며 108 염주를 만들어 인연 공덕을 쌓는 산사 순회기도회를 열어 불교문화에 새바람을 일으켰다.

명부전에는 일주일 불공을 드려 청담스님에게 대덕화란 불명을 받은 육영수와 박정희의 위폐가 봉안되어 있다.

동화사(桐華寺)

대구광역시 동구 동화사길 1

갓바위(관봉석조여래좌상 보물 431호)가 위치하고 있는 팔공산의 원래 이름은 공산이었는데 견훤과 싸움에서 왕건을 도운 8명의 장수가 전사하여 팔공산이 되었다.

팔공산의 남쪽 자리에 오동나무 동(桐)자에 빛나고 화려할 화(華)를 사용한 동화사는 493년(신라 소지왕) 극달화상이 창건한 절이다.

의사의 기능을 맡은 약사여래의 근본 도량이라 1992년 한반도 통일을 가져오라는 의미로 높이 33m 세계최대 석조 약사여래불통일대불을 만들었다.

심지대사의 지팡이가 자란 오동나무가 겨울철에도 사찰 주변에 상서로운 꽃이 만발하는 동화사는 근원적 물음인 화두 무(無)자를 놓지 않고 장자불와하며 오도한 성철 스님이 결사한 절로 밀양 표충사에서 열반한 판사 출신 효봉 스님이 오도한 곳이다.

1958년 온화하고 정이 많은 석우 스님은 동화사에서 둥근 달을 바라보며 갖가지 망상을 피우지 말라는 말을 남기고 열반의 세계에 들었고 1962년 구산 스님이 주지로 계셨다.

마애불좌상(보물 243호), 비로자나불좌상(보물 244호), 비로암삼층석탑(보물 247호)가 있다.

마곡사(麻谷寺)

충청남도 공주시 사곡면 마곡사로 966

공주시 태화산 동쪽 산허리에 642년 자장율사가 창건한 절이다.

마곡 스님의 이름을 따서 명명하였다는 설도 있고 삼(麻) 줄기가 **빽빽함처럼** 법문을 듣는 신도가 많다고 하여 수풀이 많은 계곡으로 사찰의 이름이 되었다고 한다.

땅에서 넘어진 사람은 땅을 딛고 일어서야 한다며 스스로 땅을 딛고 일어서는 방법을 가르쳐 준 보조국사의 서릿발 같은 수행 기풍과 지극한 원력이 서려있는 도량이다.

봄이면 푸른 신록의 마곡사 가을에는 갑사의 경치가 아름답다고 춘마추갑(春麻秋甲)이라는 사자성어가 생겼다.

민비를 시해한 일본 장교를 죽인 김구가 머리를 깎고 원종 스님으로 머문 곳이며 나를 찾는 것이 도를 이루는 길이라는 만공 스님이 1937년 지주로 있으면서 일본 미나미 총독을 호통친 장소다. 이중환의 탁리지에 의하면 십승지지 중 하나인 명당이기에 임진왜란이나 625 같은 전란의 위험을 피하여 화를 입지 않았다.

대웅전의 싸리나무 기둥을 많이 돌수록 극락간다고 한다.

대웅보전(보물 801호), 영산전(보물 800호), 5층 석탑(보물 799호)이 있다.

1. 관음성지 33_37

백양사(白羊寺)

전라남도 장성군 북하면 백양로 1239

정몽주가 시를 쓸 수 없도록 계절마다 색깔이 아름답게 변하는 백암산 기슭에 자리 잡은 백양사는 632년(백제 무왕) 여환선사가 창건했다.

백양사는 백암사 정토사 등으로 불리기도 했었지만 조선 선조 때 환양선사의 꿈에 '나는 천상에서 죄를 짓고 양으로 변했는데 이제 스님의 설법을 듣고 다시 환생하여 천국으로 가게 되었다'며 흰 양이 절을 하였고 이튿날 영천암 아래에 흰 양이 죽었다 그 후 절 이름이 한 마리 백양같이 아름다운 절 백양사로 불러졌다.

1,400년 유구한 역사를 지닌 정진 도량으로 1907년 묵담 스님이 출가한 절이며 용성 스님이 1914년 인곡 스님이 1925년 조실로 계셨고 1924년 운봉 스님이 오도한 곳이다.

육바라밀 가운데 보시바라밀이 첫째라 나누어 주어라 베풀어라 하시던 만암 스님은 갈 때가 되었다며 1957년 함박눈이 소리없이 내리는 날 열반하여 백양사 입구 고불총림비로 서 있다.

소요대사부도(보물 1346호)가 있다.

범어사(梵魚寺)

부산광역시 금정구 범어사로 250

금빛 물고기가 오색구름을 타고 하늘에서 내려와 산꼭대기에 위치한 가뭄에도 마르지 않는 황금빛 우물에서 놀았다고 이름이 지어진 범어사는 678년 의상대사가 창건한 영남지역의 3대 사찰로 손꼽히는 천연 고찰이다.

금정산과 범어사의 깊은 연관이 삼국유사에 금정범어란 말이 기록되어 있다.

화엄경의 이상향인 맑고 청정하고 서로 돕고 이해하고 행복이 충만한 아름다운 삶을 지상에 실현하고자 창건하였다.

그러나 임진왜란 때 모든 전각이 전소돼었다가 1602년 중건 1613년 다시 복원되었다.

1902년 경허 스님이 범어사 금왕암의 나한개금불사하였고 무엇이 생사대사이든고 억 구구는 팔십일이니라 하고 입적한 전강 스님이 1923년 조실로 계셨으며 동산 스님이 1965년 새봄을 맞이하는 범어사 염화실에서 다시는 이 자리에 오르지 못한다며 낮잠을 즐기듯 입적하여 스님을 부르는 제자들의 목메는 소리만 남겼다.

대웅전(보물 434호), 3층석탑(보물 250호)이 있다.

법주사(法住寺)

중청북도 보은군 속리산면 법주로 405

   3번 오르면 극락에 갈 수 있다는 조선 8경인 속리산 자락, 세월을 견디지 못하고 늙어가는 천연기념물 정2품 소나무를 지나면 부처의 법(法)이 머문다(住)는 법주사는 553년(신라 진흥왕) 당나라에서 의신조사가 인도에서 흰나귀에 불경을 싣고 돌아와 머물렀다는 사찰이다.

   고려말 홍건적 침입에 공민왕이 피신하였다가 개경으로 돌아가는 길에 들러 마음을 다스렸고 조선을 건국한 이성계가 100일 기도를 하였으며, 사흘 기도를 올린 세조가 복천암의 무량수를 마셔 피부병을 치료했다.

   많은 건물과 암자를 거느린 법주사에서 1896년 강의한 한영 스님을 비롯하여 수많은 선지식인을 배출하였다.

   집착하면 다 잃는 법 그대로 두면 다 자기 것이 된다는 금오 스님은 나는 무(無)를 종(宗)으로 삼고 기타사는 여(汝)에게 부촉하노라 하시며 벽에 걸린 불(佛)자를 가리킨 10일 후 1957년 속리산 고요한 저녁과 함께 태연히 마음의 고향을 찾아 열반했다.

   팔상전(국보 56호), 쌍사자(국보 5호), 석련지(국보 64호), 사천왕석등(보물 15호), 마애여래의상(보물 210호)이 있다.

법흥사(法興寺)

강원도 영월군 무릉도원면 무릉법흥로 1352

천연기념물 242 까막딱따구리가 서식하는 청정지역인 사자산 기슭에 자리 잡아 금강송림에 둘러싸인 법흥사는 달마의 선법인 고요히 생각하고 생각하여 닦는다는 구산 선문 하나로 643년(신라 선덕여왕) 자장율사가 창건했다.

처음 흥녕사라는 사찰명으로 전국 각지에서 선승들이 찾아와 번성하였지만, 고려시대 조선시대를 거치는 동안 많은 시련으로 여러 번의 화마와 산사태를 겪었다.

1163년 1730년 1779년 등 무려 일곱 차례 중창하면서 1902년 대원각 스님에 의해 법흥사라는 이름으로 재건되었다.

중국 종남산 운제사에서 자장율사가 7일 동안 정진 기도 후 문수보살로부터 진신사리와 가사 발우를 전수받아 법흥사에 봉안하여 우리나라 5대 적멸보궁의 하나다.

부처님이 적멸의 즐거움을 누리는 곳으로 온갖 번뇌망상을 사라져 없애는 보배스러운 궁이다.

고려시대 징효대사가 입적한 요선정 옆 바위에 수호불상은 밤마다 바위 속에서 나와 요선정에서 놀다가 새벽이면 다시 바위 속으로 들어간다는 전설이 있다.

징효대사탑비(보물 612호)가 있다.

보문사(普門寺)

인천광역시 강화군 삼산남로 828번지길 4

잔잔하게 출렁거리는 서해가 바라보이는 해발 234m 떨어질 낙(落) 가사 가(袈)라는 낙가산 아래 불심을 느끼게 하는 보문사는 금강산에서 수행하던 회정대사가 관세음보살을 친견 후 635년(신라 선덕여왕) 창건하였다.

중생을 구제하는 관세음보살의 원력이 광대무변함을 상징하여 절의 이름을 보문사라 하였다.

한 어부가 바닷속에 그물을 던졌지만, 물고기가 아닌 돌 22개가 올라왔다. 실망한 어부는 그 돌을 바다에 다시 던졌다. 그날 밤 꿈에 한 모습이 나타나 다시 돌을 건져 낙가산에 봉안할 것을 당부하였다.

석굴 법당에 22개의 돌로 석가모니불과 미륵보살로 모셔 절을 짓게 되었다는 연기 설화가 전해지고 있다.

남해 보리암과 낙산사 홍련암과 함께 우리나라 3대 관음 도량으로 국가의 존망 위기 때마다 국가 안녕을 염원하며 민족정신의 수호해 준다.

거대한 암벽에 새겨놓은 마애불은 자력의 기운을 가진 바위에 새긴 부처로 번뇌를 사라지게 하는 기도발에 있어 국내 최고의 소원을 다르게 하는 명상이다.

1. 관음성지 33_51

보리암(菩提庵)

경상남도 남해 상주면 보리암로 665

기암괴석들로 어우러져 우뚝 솟은 해발 681m 금산에 자리 잡은 보리암은 683년(신라 신문왕) 원효대사가 보광사로 창건하였다.

한려해상의 절경을 한눈에 품고 있는 한국 3대 관음보상 성지로 하룻밤 머물며 밤바다를 보면 깨달음에 다가갈 수 있다.

태조 이성계가 보리암에서 백일기도를 하고 등극하여 그 후 조선왕조 개국을 감사하기 위해 금비단으로 산 전체를 둘러싼다는 의미로 비단 금자를 사용하여 금산이 되었다. 절 이름도 보리암으로 개명하였다.

신기하고 불가사의한 탑대라는 절벽에 세워진 삼층석탑 위에 나침판을 올려놓으면 방위를 가리키는 바늘이 제멋대로 움직이고 부처님이 앉아 있는 모습과 같은 삼불암 아래 음성굴과 용굴이 우뚝 솟은 대장봉과 함께 많은 이들의 사랑을 받고 있다.

주요문화재로 대나무 조각을 배경으로 좌정하고 있는 향나무 관세음보살상이 있다.

봉은사(奉恩寺)

서울특별시 강남구 봉은사로 531

    서울 한복판 삼성동에 자리 잡은 봉은산은 794년(신라 원성왕) 연화국사가 창건한 1200년 정통을 가진 사찰이다.

    나라에서 땅을 하사받아 절 이름이 원래 견성사였는데 은혜를 받든다는 뜻으로 봉은사로 바꾸었다.

    조선시대 숭유억불 정책으로 불교가 존폐위기에 놓였던 시기에 불교를 사랑하는 문정왕후의 후원으로 승과고시를 실시하여 봉은사에 서산대사 사명대사 등 선지식 스님을 배출하였다.

    한암 스님은 1925년 봉은사 조실로 추대되었는데 수행은 먼 곳에 있지 않고 언제 어디서나 이렇게 존재하는 바로 지금 여기 있음을 강조하는 목우자 보조국사의 수심결을 읽고 깨달았다.

    원력으로 봉은사을 중창한 영암 스님은 다비장이 준비됐느냐 먹구름이 밀려오니 장작 잘 덮으라는 말을 남기고 1987년 고요의 세계로 갔다.

    해가 잘 드는 영각 옆에 가장 먼저 봄소식을 전해주는 홍매화가 아름다운 봉은사에 추사 김정희의 마지막 작품인 장난치듯 어설프게 보이는 판전의 글씨를 볼 수 있다.

    금강바라밀경 유마힐소설경 등 15종 목판이 보관되어 있다.

불국사(佛國寺)

경상북도 경주시 불국로 385

불교 예술의 전통을 오랫동안 이어온 불국사는 529년(신라 법흥왕) 왕의 어머니인 영제부인의 발원으로 창건하였다.

자신의 구원 부모의 명복 국가와 민족의 안녕 부처의 가호 등의 절실한 염원을 가진 신도와 국민들이 매년 수백만이 방문한다.

화장세계 (화엄경) 사바세계 (법화경) 극락세계 (아미타경)이라는 부처의 나라를 완성된 불국을 현세에 이루겠다는 천 년 고찰로 1995년 세계문화 유산으로 등재되었다.

특히 751년 (신라 경덕왕) 김대성에 의하여 만든 대웅전 앞에 2기의 석탑이 있다.

공간을 상징하는 화려한 다보탑과 간결미의 극치로 시간을 상징하는 석가탑이 서로 대비되어 있다.

다보탑(국보 20호), 석가탑(국보 21호), 연화교와 칠보교(국보 22호), 백운교와 청운교(국보 23호), 금동비로지나불(국보 26호), 금동아미타여래좌상(국보 27호)이 있다.

선운사(禪雲寺)

전라북도 고창군 아산면 선운사로 158-6

　수령 500년의 동백나무 3천여 그루가 군락을 이룬 호남의 내금강으로 신선이 많이 산다는 선운산 북쪽에 위치한 연못의 용을 몰아내고 577년 검단 스님이 선운사를 창건하였다.

　지혜의 경계인 구름을 머물면서 마음을 갈고 닦아 선정의 경지를 얻는다고 참 선(禪) 구름 운(雲) 선운이라고 했다.

　설파 벽파 환응 한영 스님 등 많은 고승대덕을 배출한 절로 신라 진흥왕이 왕위를 내려놓고 왕비와 공주를 데리고 수도했다는 진흥굴과 수령 600년으로 추정되는 우산 모양의 진흥송이 있다.

　선운사 도솔암의 마애불은 우리나라 3대 마애불의 하나로 배꼽 속에 신비한 책이 있는데 전라감사가 숨겨진 책을 꺼내다 벼락이 내려쳤다고 한다. 또한, 동학혁명 때 농민군 손화중이 꺼냈다는 얘기도 있다.

　서정주의 선운사 동구라는 시에서 사랑을 잃은 연인의 눈물을 동백꽃에 비유했는데 한겨울에도 붉은 꽃을 예쁘게 피워 많은 사랑을 받고 있다.

　금동보살좌상(보물 279호), 금동 지상보살(보물 280호), 대웅보전(보물 290호)이 있다.

송광사(松廣寺)

전라남도 순천시 송광면 송광사안길 100

　무등산과 월출산으로 삼각형을 이루는 조계산은 예로부터 소강남이라 부른 명산으로 서쪽에 승보사찰로 우리나라에서 가장 큰 절 송광사가 있다.

　신라말 혜린선사에 의해 조계산 새 둥지처럼 아늑하게 자리 잡아 길상사를 창건하였다.

　타락한 고려시대 지눌 스님이 정혜결사를 통해 불교를 바로잡아 새로운 전통을 확립하여 중창불사를 하면서 18명의 큰스님이 부처님의 가르침을 널리 설파하여 송(松)(十八 + 公) 광사라고 이름을 개명하였다.

　친일파 이회광 중심의 원종과 대립하기 위해 1911년 송광사에서 승려대회를 열어 임제종을 세우며 승보사찰로 16명의 국사를 배출하였다.

　효봉 스님은 1937년 송광사에 주석하시며 인재양성에 주력하였는데 불길한 것을 가지지 않는다는 무소유를 실천한 법정에게 계행의 정신을 심어 주었다.

　구산 스님은 처음 출가하여 득도한 송광사에서 생사란 본디 무시무종인고로 영생이다. 이를 위해 쉼 없이 정진하라며 앉은 채 좌탈입망하였다.

　국사전(국보 56호), 하사당(보물 263호), 약사전(보물 302호), 영산전(보물 303회)이 있다.

수덕사(修德寺)

충청남도 예산군 덕산면 수덕사길 79

　수덕사는 정확한 기록은 없으나 백제 위덕왕 재위 시 지명법사 또는 숭제법사가 창건한 것으로 추정되는 유서 깊은 고찰이다. 해발 495m 덕숭산 남쪽에 자리 잡은 수덕사는 창건설화가 있다.

　수덕도령이 관세음보살의 화신인 덕숭낭자를 사랑하여 상사병에 걸렸다. 청혼을 거절한 덕숭낭자가 절을 지어 달라고 하자 세 번이나 불이 났지만, 수덕도령이 끝끝내 절을 완성하여 절의 이름을 수덕사로 불렀다고 전해진다.

　임진왜란 때 대부분의 가람이 소실되었으나 조선 말기 침체된 불교계에 정신력과 깨달음으로 선풍을 진작시킨 경허 스님이 보림하여 법맥을 계승한 절이다.

　수월 혜월 한암 만공 등을 배출한 한국불교 선풍의 요람으로 다양한 계층을 대상으로 포교 활동을 하여 지역 사회의 정신적 문화의 중심지로 자리 잡고 있다.

　일엽 스님 나혜석의 일화가 있다.

　고승 중에 가장 오래 살다간 혜암 스님은 '나의 법은 공들인 자에게 부촉하노라. 그 밖에 더 할말이 없다.' (無相無空無非空)는 말을 남기고 꽃들이 만발한 수덕사 염화실에서 삶을 마쳤다.

　대웅전(국보 49호), 노사나불괘불탱(보물 1263호)이 있다.

신륵사(神勒寺)

경기도 여주시 신륵사길 73

남한강 상류인 여강이 감싸 안은 해발 157m 봉미산 남쪽에 자리 잡아 강변 평지에 세워져 접근성이 좋은 신륵사는 여주 8경 중 한 곳이다.

원효대사가 신라 진평왕 때 창건했다. 꿈에 한 노인이 나타나 연못을 가리키며 절터임을 알려주었는데 7일간 정성을 다해 기도를 드린 후 9마리 용이 승천한 연못을 메우고 보은사라 했다.

고려 고종 때 인당대사가 마을에서 걷잡을 수 없이 날뛰는 용마를 신력으로 제압하였다고 신륵사로 이름이 바뀌었다.

고려말 조선건국에 도움을 준 무학대사의 스승인 나옹화상은 친구의 죽음으로 인생무상을 느끼고 사람은 죽으면 어디로 가는가 답을 얻기 위해 21세에 신륵사에서 출가하여 선종과 교종을 통합하며 불교의 재건에 힘썼다. 입적할 때 오색구름이 봉미산을 덮고 구름 없는 하늘에서 비가 내렸고 수많은 사리가 나왔다.

한강을 굽이 보이는 경내에 벽돌로 쌓아 올린 다층전탑 하부에 사리를 안치하였다.

조사당(보물 180호), 다층전탑(보물 225호) 보제존자석종비(보물 229호)가 있다.

신흥사(新興寺)

강원도 속초시 설악산로 137

　백두대간 허리인 설악산 절경이 병풍으로 에워싸인 신흥사는 652년(신라 진덕여왕) 자장율사가 향성사로 창건하였으나 의상대사가 자리를 옮겨 중건하고 이름을 선정사로 고쳤다.

　1642년 화재로 소실되어 영서 혜원 연옥 세 스님의 꿈에 신인이 나타나 옛터 아래쪽에 다시 절을 지으면 수만 년 지나도 3재가 범하지 못한다고 하여 불사를 벌려 신흥사로 바꾸어 중창하였다.

　1955년 영동 불교를 새로 일으킨다는 서원을 담아 귀신 신(神)자인 것을 새 신(新) 자로 바꾸었다.

　1920년 신흥사 주지였던 한용운의 유일한 제자 춘성 스님은 평생 이불을 덮고 잔 적이 없는데 이불(離佛) 될까 염려 때문이었다.

　청동 108톤으로 만든 높이 14.6m 통일 대불은 2천만 불자의 마음을 모아 일체중생의 이익과 안락하라는 서원으로 봉안하였다.

　겨자씨를 모아 수미산을 이루듯 민족통일과 세계평화의 광명이 비추기를 발원한다.

　극락보전(보물 1981호), 목조 아미타여래삼존좌상(보물 1721호)가 있다.

쌍계사(雙磎寺)

경상남도 하동군 화개면 쌍계사길 59

　국립공원 1호로 지정된 지리산 남쪽 기슭에 자리 잡은 쌍계사는 726년(신라 성덕왕) 의상대사인 제자 대비화상과 삼법화상이 6조 혜능 스님의 정상(頂相)을 모셔와 창건하였다.

　한때 옥천사라 명명하였으나 쌍계라는 시냇물에 연유하여 쌍계사가 되었다. 선 교 율 차 범패의 성지 쌍계사가 임진왜란으로 폐사가 되었으나, 벽안 소용 스님 등이 중창 불사를 시작하여 1975년 고산 스님이 대대적인 불사를 시행하여 현재의 모습을 갖추게 되었다.

　쌍계사는 차와 인연에 깊은 절이다. 당나라에 사신으로 간 대렴이 828년 차의 종자를 가지고 귀국하여 쌍계사 계곡에서 재배하고 보급하였는데 다맥이 초의선사에게로 이어졌다.

　대자대비하신 부처님의 가르침이 벚나무 하얀 꽃이 된 섬진강과 화계장터 쌍계사에 이르는 길이다.

　진감국사대공탑비(국보 47호), 대웅전(보물 500호), 팔상전 영산회상도(보물 925호)가 있다.

용주사(龍珠寺)

경기도 화성시 용주로 136

궁궐 냄새가 나는 용주사는 정조가 28세 나이로 비운에 죽은 아버지 사도세자의 넋을 위로하기 위해, 신라 문성왕 때 갈양사로 창건된 절이 병자호란 당시 소실되어 폐사한 자리에 지은 절이다.

지극한 효성을 간직한 정조는 낙성식 전날 밤 용이 여의주를 물고 승천하는 꿈을 꾸어 용주사라는 사찰의 이름이 붙어져 능사로 삼았다.

부모의 은혜를 깨닫게 해주는 효심의 본찰로서 불심과 한데 어우러져 수행하는 효행 근본 도량으로 자리 잡고 있다.

용주사는 다른 사찰과 달리 일주문이 없고 대신 홍살문이 세워져 있다.

숭유배불로 정치적 사회적 억압되는 조선시대에 국가적 관심을 기울어 세워졌다는 점에서 역사적 의미를 가진다.

용주사의 사격을 유지시킨 주요인물로 인악대사. 강대련 그리고 10일 동안 자지 않고 수행하여 23세에 깨달아 오도송을 남긴 제77대 조사 전강 스님이 있다.

용주사는 효행 박물관 효행 교육원을 설립하여 부처의 지혜로 진리를 찾는 참선 수행과 인성교육을 실시하고 있다.

동종(국보 120호), 부모은중경(보물 1754호)이 있다.

용주사를 중창한 스님, 전강대종사

1898년 11월 16일 전라도 곡성에서 태어난 전강 영신(田岡永信) 대종사는 일찍이 16세에 인공화상을 득도사(得度師)로 해서 인공화상의 은사 문하로 응해화상을 계사(戒師)로로하여 해인사에서 출가하셨다. 이후 경전공부에 매진하던 전강대종사는 도반의 죽음으로 무상함을 느껴 선방으로 나아가 용맹 정진하여 23세에 견성하셨다.

전강스님은 당시 유명한 육대 선지식인 혜월·혜봉·한암·용성·보월·만공선사에게 법거량(法擧揚)하여 모두에게 인가를 받으셨다. 더불어 스님이 25세가 되신 해에는 만공스님으로 부터 전법게를 받아 그 법맥을 이으셨다. 33세의 젊은 나이에 불찰대본산 통도사의 보광선원의 조실을 주대[坐]한 이래 법주사, 동화사, 범어사, 망월사 등 여러 선원의 조실을 두루 역임하시며 불법을 구가하셨다. 이후 말년에는 1969년에 스님이 설립한 용주사 중앙선원의 조실로 계시며, 용주사에 선풍을 진작시키는 큰 큰 공헌을 하셨다.

1974년 12월 2일 인천 용화선원에서 좌탈입망(坐脫立亡)하신 전강 큰스님은 용주사의 정신적 지주로서 생전에 많은 육성 법문을 남기셨으며, 그 법맥은 생전에 인가한 송담스님에게로 이어져 오늘까지 전하고 있다.

1. 관음성지 33_75

월정사(月精寺)

강원도 평창군 진부면 오대산로 413-28

　산내에 중대 사자암 동대 관음암 서대 수정암 남대 지장암 북대 미륵암을 다섯 봉우리에 품고 있는 오대산 기슭에 자리한 월정사는 643년(신라 선덕여왕) 중국에서 문수보살을 친견한 자장율사에 의해 창건되었다.

　문수보살에게서 너희 나라에서 다시 나를 친견하리라는 게송을 자장율사가 받았다.

　창건 이래 신효거사 두타승 신의 유연 등이 절의 사격을 갖추게 하여 많은 선지식을 배출하였다.

　홀로 앉아 아궁이의 불을 지피다가 활활 타오르는 불길을 보고 오도한 한암 스님이 27년간 오대산에서 살면서 3년간 묵언 정진한 탄허 스님으로 법맥을 이었다.

　하늘을 향해 뻗은 오대산 1,700그루 전나무의 곧음과 푸름처럼 얼을 지킨 탄허 스님은 유불선 삼교를 회통하여 6.25 사변 울진 삼척 무장공비 침투 월남전 미국 패배 박정희 시해 사건 서해안 시대개막 등 미래의 일을 예견했다.

　신도 육도윤회 하는 중생이다. 삼계가 모두 꿈속의 일이지만 집착하면 생사가 윤회한다. 방하착하라는 말을 남겼다.

　비로자나불과 석가모니가 둘이 아니라면 화엄 법회를 1977년부터 1978년까지 열었다.

　8각9층석탑(국보 48호), 석조보살좌상(보물 139호)이 있다.

1. 관음성지 33_79

은해사(銀海寺)

경상북도 영천시 청통면 청통로 951

왕위에 오르기 위해 많은 신료를 살육하고 조카 애장왕까지 폐위시킨 신라 헌덕왕이 자신의 업보로 생긴 원혼을 위로하기 위하여 809년 혜철국사로 하여금 해안사를 창건하게 했다.

은해사는 팔공산 동쪽에 위치하여 자연과 잘 어울리는 절이라. 1546년 조선 명종 때 인종의 태실을 봉하였다.

절 주변에 안개가 끼고 구름이 피어날 때 마치 물결치는 은빛 바다로 춤추는 극락정토와 같다고 한국 미륵 신앙의 어머니 진표율사가 은해사라고 이름을 바꾸었다.

여러 차례 화재가 발생하여 전각이 소실되었으나 원효 스님 일연 스님 은봉 스님 등 선지식을 배출한 유서 깊은 도량이다.

대웅전 보화루 백흥담의 현판 글씨는 조선시대 명필인 김정희가 쓴 것으로 은해사에 묵향을 가득 채운다.

영산전(국보 14호), 극락전수미단(보물 486호), 운부암 청동보살좌상(보물 514호)가 있다.

조계사(曹溪寺)

서울특별시 종로구 우정로길 55

한국 근대사의 격동기 조선불교의 자유화를 지키려고 서울 4대문 안에 최초로 1910년 민족적 불교 인사들이 일본 불교색을 탈피하고자 각황사를 창건하였다.

각황(覺皇)이란 도성 출입 금지령을 해제하고 절 설립을 허가한 황실에 감사한다는 의미로 깨달음의 황제가 만든 절로 조선불교 중앙회의소 겸 중앙포교소로 사용되었다.

1937년 태고사로 개칭되었다가 1954년 조계사로 변경한 한국불교 1번지로 불리는 대한 불교 조계종단의 총본산이다.

25교구 본사 제도로 석가모니 부처님의 가르침과 깨달음의 실현을 근본 목적으로 다양한 대외활동을 하고 있다.

복지사업 어린이 및 중고등부법회 군법당 지원 포교사업과 외국인 포교로 한국 불교의 세계화에 일익을 담당하고 있다.

대웅전 앞에 잎이 가장 늦게 피고 가장 늦게 지는 수령이 500년 된 회화나무와 천연기념물 9호인 백송이 있으며 부지가 좁아 일주문이 사천왕문을 겸하고 있다.

8각 10층 탑에 석가모니 진신사리가 봉안하고 있다.

직지사(直指寺)

경상북도 김천시 대학면 직지사길 95

해발 1,111m 황악산을 손가락으로 가리키며 저 산 아래 자 없이 손으로 측지하여 절 짓기 좋은 곳이다고 고구려 아도화상이 418년 창건한 직지사는 선종 직지인심견성성불(直指人心見性成佛)의 가르침에 사찰명이 유래된 절이다.

645년 자장법사 930년 천묵대사가 중수했으나 구한말 국운의 쇠퇴로 위기에 처하다 1958년 녹원화상에 의해 오늘날의 모습을 갖추게 되었다.

불살생의 계를 어기고 역사 속으로 뛰어들어가 전쟁에 참여한 사명대사가 13세에 출가한 절인데 아들을 낳기 바라는 사람의 소원을 옥돌로 만든 비로전에 천불 사이 옷을 벗은 동자승을 첫눈에 보면 이루어진다는 얘기가 전해오고 있다.

지네가 많다는 산책로는 의상 스님의 화엄일승법계도를 재현하였다.

법(法)에서 시작하여 불(佛)로 끝나는 210자는 모든 법은 움직임이 없어 본래부터 고요하다. 일체가 끊어져 결국 본래의 자리로 되돌아오는 깨달음이 담겨 있다.

대웅전(보물 1576호), 후불탱화(보물 630호), 금동6각사리탑(국보 218호), 비로전3층석탑(보물 607호)가 있다.

통도사(通度寺)

경상남도 양산시 하북면 통도사로 108

낙동강과 동해 사이에 치솟은 영축산 남쪽 기슭에 643년(신라 선덕여왕) 자장율사가 당나라에서 가지고 온 불사리와 가사 대장경 400여 함에 봉안하여 통도사를 창건했다. 태백산맥의 여백에 솟아난 영축산은 부처가 법화경을 설한 인도의 영취산과 형상에 비슷하게 통하여 사찰명을 통도사라 하였다.

또는 스님이 되려는 사람은 부처의 진신사리를 모신 금강계단을 통과해야 한다. 모든 진리를 회통하여 중생을 제도한다는 의미도 있다.

대웅전에 불상이 없는 이유는 대웅전 남쪽 금강계단에 부처 사리를 봉안하여 통도사의 중심이 되기 때문이다.

1901년 만공 스님이 오도하였고 1905년 한암 스님 1953년 전강 스님 1953년 경봉 스님이 조실로 계셨다.

달마 그리는 솜씨가 뛰어난 경봉 스님이 열반에 들 때 스님의 참모습이 어떤 것입니까? 묻는 사자에게 야반 삼경에 대문 빗장을 만져보라는 말을 남겼다.

대웅전(국보 290호), 은입사향완(보물 334호), 봉발탑(보물 471호), 영산전팔상도(보물 1041호)가 있다.

향일암(向日庵)

전라남도 여수시 돌산읍 향일암로 60

바다가 맞닿은 해발 323m 금오산 7부 능선 가파른 언덕에 자리 잡은 향일암은 659년(신라 선덕여왕) 원효대사가 원통암 이름으로 창건하였다.

1715년 인묵대사가 암자의 자리를 옮기면서 해를 바라본다는 뜻으로 향일암이라고 개명하였다.

일본을 향한다는 뜻이 담긴 이름이라고 해서 영구암이라는 이름을 썼다가 천하제일의 해돋이를 볼 수 있는 곳이라는 원래의 뜻으로 풀이하여 다시 향일암에 되었다.

금오산 기암절벽 사이의 울창한 동백나무와 남해 수평선에서 솟아오르는 일출이 천하일품이라 해마다 새해가 되면 일출제가 열린다.

향일암은 일출의 명소이지만 낙조도 아름다워 관광객이 끊이지 않으며 수많은 불자들이 찾아온다.

해인사(海印寺)

경상남도 합천군 가야면 해인사길 122

오묘하고 빼어난 산세를 지닌 가야산 깊숙이 802년(신라 애장왕) 의상대사의 법손인 순음 스님과 이정 스님에 의해 창건한 해인사는 고려 대장경을 소장한 법보사찰로 우리나라 불교의 대맥이다.

있는 그대로인 세상을 깊고 넓은 바다라 보고 거친 파도 같은 중생의 번뇌 망상이 멈출 때 주관과 객관이 일치된 우주인 참된 모습이 물에 비친다는 화엄경에 나오는 해인삼매에 비롯하여 사찰명이 되었다.

3년 동안 바닷물에 담근 산벚나무에 부처님의 팔만사천 가르침을 52382960 글자 하나하나 완벽하게 16년 노력으로 판각하여 탄생시킨 팔만대장경이 세계문화유산으로 등재되어 보존되고 있다.

1899년 경허 스님이 조실로 1957년 청담 스님이 주지로 계셨는데 특히 1967 방장 성철 스님의 돈오돈수, 10년 장좌불와를 떠올리며 산은 산이요 물은 물이라는 게송을 남기고 수행자는 수령자인 본분을 지키라며 너희는 본래 부처라 하시고 퇴설당에서 참선하는 자세로 성철 스님은 열반에 들었다.

팔만대장경(국보 32호), 장경판전 (국보 52호)가 있다.

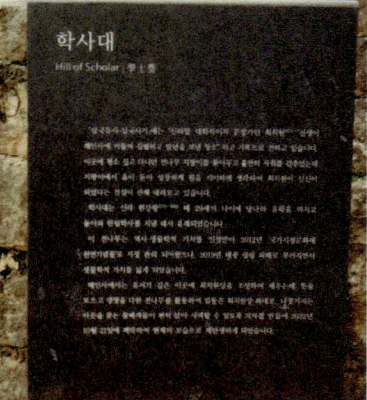

1. 관음성지 33_99

화엄사(華嚴寺)

전라남도 구례군 마산면 화엄사로 539

화엄사는 544년 인도 출신 연기조사가 창건한 화엄사상의 중심 도량으로 지리산을 대표하는 유서 깊은 사찰이다. 599년 3천 명의 스님들이 화엄사상을 꽃피웠다.

화엄석경으로 치장된 장육전이 임진왜란 때 소실되어 숙종 때 계파 스님 도광 스님 등이 중건하여 각황전에 되었고 벽암 스님은 다듬지 않은 자연석을 초석으로 사용하여 중생을 널리 구제한다는 보제루를 중건하였다.

국내 초대 규모의 목조건물 각황전 뒤 효대에 자장율사가 당나라에서 가지고 온 부처님 진신사리 73과가 봉안되어 있다.

공양탑은 공손한 자세로 차를 올리는 암수 두 쌍 네 마리 사자의 얼굴에 희로애락을 표현되어 불교의 지혜를 의미한다.

섬진강을 끼고 해마다 진분홍 꽃을 피우는 화엄사 홍매는 각황전을 중건한 계파 스님이 심어 수령이 300년이 넘어 구례의 명물이다.

진정한 수행자는 역사의 모래밭에 흔적을 남기지 않는다.
이름 없는 중으로 잠시 머물다 간다는 화엄사 조실 동헌 스님은 일평생 조석 예불에 한 번도 빠진 일 없다가 1984년 염화실에서 업신을 벗었다.

사사자3층석탑(국보 35호), 각황전(국보 67호), 동오층석탑(보물 132호), 서오층석탑(보물 133호)이 있다.

② 큰스님 33인

아름다운 당신이 있어 세상은 살 만합니다.

경허

전라북도 전주 자동리에서 1849년 8월 24일 출생하여
평북 갑산 강계에서 1912년 4월 25일 세수. 64세로 입적함.

忽聞人語無鼻孔　홀문인어무비공
頓覺三千是我家　돈각삼천시아가
六月燕岩山下路　유월연암산하로
野人無事太平歌　야인무사태평가
뜻밖에 홀연히 고삐 꿸 콧구멍이 없다는 말을 듣고
문득 깨달으니 삼천대천 세계가 내 집이네
6월 연암산 아랫길에
돌사람이 일없이 태평가를 부르네

心月孤圓　심월고원
光吞萬像　광탄만상
光境俱忘　광경구망
復是何物　부시하물
마음 달이 외로이 둥글게 빛나니
빛이 모든 사물의 형상을 삼켰도다.
빛과 경계를 함께 잊으니
다시 이것이 무슨 물건인고

찬바람에 눈이 흩날리는 겨울 저녁 어둠이 천장사에 내릴 때 문둥이 거지 여자가 밥을 얻으러 왔다. 보자기로 얼굴을 가린 여자는 피고름과 악취뿐인 몸을 벌벌 떨며 추워서 얼어 죽을 것 같다고 말했다.

부엌 사람들은 여자가 접근하지 못하게 부엌문을 닫아 버렸다.
 삶을 방황하며 생명의 마지막 몸부림을 본 스님은 선뜻 여자의 손을 잡고 자기 방안으로 들어오게 하고 이불을 덮어주었다. 그날부터 여자와 스님은 같은 밥상에 잠자리까지 같이 하였다.
 이러면 안 된다는 제자들의 만류에도 여자를 내보내지 않고 밥을 손수 먹여주고 냄새나는 진물도 닦아가며 여자의 몸 위에 다리를 올려놓고 얼굴을 만지며 한 달이 지났다.
 여자는 이 세상에 태어나 처음이자 마지막 따뜻함을 받아 호감스러웠지만 스님의 전신에 여자의 피고름이 번졌다. 이런 광경을 본 대중 스님과 소문을 들은 신도들이 절 안에서 여색을 범하는 파계 행위라며 혀를 차고 웅성거렸다.
 손가락 발가락이 뭉개지고 문드러진 코와 이지러진 눈썹 짓무른 살을 들어낸 여자가 떠나면서 울음을 터뜨리고 말했다.

 '스님 저세상에 가서도 결코 잊지 않겠습니다.'
 스님은 말 없이 고개만 끄덕이었다.

학명

전라남도 영광 불감면 모악리에서 1867년 10월 6일 출생하여
내장사에서 1929년 3월 27일 세수. 63세로 입적함

前生誰是我　전생수시아
來世我為誰　내세아위수
現在是知我　현재시지아
還迷我我知　환미아아지
전생에 누가 나이며
내세에는 내가 누가 될 것인가
현재의 이것이 나인 줄 알면
돌이켜 나밖에 나를 알지 못한다

西來十萬路沼沼　서래십만로초초
智鑑當軒影莫逃　지감당헌영막도
四海浪平龍眼眠　사해랑평용안면
九霄雲淨鶴飛高　구소운정학비고
서역 십만 리 길 멀고 또한 높구나
지혜로운 살핌은 높은 수레에 오름이여 어찌 그림자를 살필 수 있으랴
사방의 바다 물결은 조용하여 용의 눈이 졸고 있으니
아득한 하늘 끝 구름이 밝아 학이 높이 날아간다.

스님은 밤낮없이 한 곳에 꼿꼿하게 서서 3일을 보내는 수행력에 만해 한용운은 감탄하여 시 한 수를 지었다.

이 세상밖에 천당은 없고 이 인간에는 지옥이 많다.
장대 끝에 우두커니 서서 어찌 한 걸음 더 내딛지 않는가

한국의 선 세계를 알리기 위하여 중국과 일본의 선승들을 만나 법거량을 하며 서로 같고 다름을 비교하였다.
스님이 일본을 방문하여 일본 최고의 선승을 만났다.
일본 선승이 스님에게 먼저 물었다.

그대 스님은 어디서 온 누구신가요?
나는 조선의 학명이라는 스님일세.
이미 흰 학인데 어찌하여 검은 법복을 입었습니까?
어느 곳에서 흰 학을 보는가?
시방 어느 곳에도 흰 학의 처소 아닌 데가 없습니다. 스님께서 학이 있는 곳이니 울음을 지으십시오.
세계가 모두 흰 학이라면 어느 곳을 향하여 안심입명하겠소.
안심입명의 일은 밥 먹듯 하는 일이요 그만하고 한 구절 말해주시오.
소나무가 오래되었으니 학이 집을 짓고 살기 어렵소.
소승의 죄가 지나쳤습니다.

남전

경상남도 합천 가야면에서 1868년 9월 6일 출생하여
서울 선학원에서 1936년 4월 28일 세수. 69세로 입적함

智非是道心非佛　지비시도심비불
王老無端動難波　왕노무단동난파
柳綠金鶯春蘭囀　유록금앵춘난전
酒酣田父夕陽歌　주감전부석양가

지혜도 도가 아니고 마음도 부처가 아니다
왕노가 쓸모없이 물결만 일으키네
푸른 버드나무와 금빛 꾀꼬리는 따뜻한 봄을 연주하고
술 취한 밭을 가는 농부가 노을을 노래하네

古園家業日荒凉　고원가업일황량
遊子迷津去路長　유자미진거로장
若何箇中廻眼處　약하개중회안처
元來脚下亦吾鄕　원래각하역오향

고향집이 하루하루 황폐하여 못 쓰게 되고
집을 떠난 돌아다니는 나그네 소식이 없다
길을 걷다가 잠시 되돌아보면
오래전부터 서 있는 발밑이 바로 고향이네

인생의 허무와 삶의 절망이 출가자의 동기다.
　스님은 해인사 계곡에서 최치원의 유적을 발견하고 감정에 북받쳐 자신이 가야 할 길에 출가임을 알고 해인사에 들어가 수행자의 기본적인 공부를 시작하

였다.

그 후 청암사에서 대교과를 수료하고 해인사에서 범어사. 상원사 등으로 용맹정진하며 선학원을 설립하고 조선불교중앙선리 참구원을 발족시켰다.

우리가 보고 듣는 모든 것 무엇 하나 한 물건으로 독립된 것은 없다. 지 수 화 풍 공이 인연의 화합으로 몸을 조직하여 수 상 행 식의 생각으로 나의 형태로 머물러 생존한다.

하늘 땅 시간 공간 음식 친척 등 일체 만유가 상호의존하여 각자 스스로의 분수에 맞게 움직인다. 그러므로 모든 것이 인연에 의해 나타난 것으로 결국 인연이 흩어지면 사라지는 것이 정한 이치다.

모든 무정물도 사람과 한가지로 독립되지 못한다.

부처에 의지하여 부처의 경지를 이루기 위해 스스로 마음을 닦는 것이다.

혜월

충청남도 예산 덕산면 신명리에서 1861년 6웡 19일 출생하여
부산 안양암에서 1936년 6월 16일 세수. 77세로 입적함

一切有爲法　일체유위법
本無眞實相　본무진실상
於相義無相　어상의무상
卽名爲見性　즉명위견성
경험의 현상계 존재하는 모든 법은
본래 진실한 바탕이 없다.
겉모양 보고 상에 없는 뜻 알면
바로 이것이 본래의 천성이라 하네

스님이 시장을 다녀오다가 마침 개울에서 미꾸라지를 잡아가진 아이들을 만났다. 아이들아 그 미꾸라지 나한테 팔아라.
미꾸라지를 사 가지고 방생을 하려는 생각이었다.
그러나 아이들은 팔지 않겠다고 버티었다.

돈 많이 줄 테니 팔아라 하고 달래 보았지만 싫다며 말을 듣지 않으므로 소리를 크게 질렀다.
네 이놈들 팔라면 팔지 웬 말이 많아
막무가내인 아이들은 여전히 팔지를 아니하였다.
옥신각신하는 싸움에 순경들이 아이들을 달래어 마침내 스님은 미꾸라지를 샀다.

애들아! 미꾸라지가 살고 싶어 나만을 바라보는데 어찌 모른 체 할 수 있겠느냐는 말에 아이들은 웃었다. 미꾸라지들이 다시 물속으로 들어가 좋아하는 모습을 보는 스님의 얼굴에는 기쁨이 가득 담겨 있었다.

죽어가는 생명 앞에서 자기 존재의 무상함을 배우는 스님은 자비와 지혜가 수행자인 생명임을 자각하고 있었다.

용성

전라북도 장수 번암면 죽림리에서 1864년 5월 8일 출생하여
서울특별시 대각사에서 1940년 2월 24일 세수. 77세로 입적함

金烏千秋月　금도천추월
落東萬里波　낙동만리파
漁舟何處去　어주하처거
依舊宿蘆花　의구숙노화
금오사에 가을 하늘에 달이오
낙동강에 만리 물결이라
고기 잡는 배는 어디로 갔는가
옛적과 변함없이 갈대꽃에서 자는구나

諸行之無常　제행지무상
萬法之俱寂　만법지구적
匏花穿籬出　포화천리출
閑臥麻田上　한와마전상
만물의 모든 현상은 덧없이 허무하고
우주의 모든 법을 다 고요하다
박꽃이 울타리를 뚫고 나가니
삼밭 위에 한가로이 누웠구나

스님은 경전을 읽다가 입안에 물건이 들어 있음을 느껴 꺼내보니 자금색 콩알만 한 사리였다. 신도들이 보고자 하였으나 스님은 그 물건을 버렸다며 무관심하게 말했다.

그러나 버린 사리에서 방광이 나와 다시 법당에 봉안했다.

이후 난데없이 법당에 불이 나서 불을 끄려고 달려가 보니 불이 아니라 사리로부터 빛을 내쏟고 있었다.

그 뒤로도 3차례나 방광이 일어났다.

운봉

경상북도 안동에서 1889년 12월 7일 출생하여
월내포 묘관음사에서 1941년 2월 20일 세수. 53세로 입적함

西來無文印　서래무문인
無傳亦無受　무전역무수
若離無傳受　약리무전수
爲兎不同行　위토부동행

인도 서쪽에서 온 문체 없는 법인은
전할 것도 받을 것도 없다.
전하거나 받는 것을 떠나고 보면
해와 달은 동행하지 않으리라

出門舊然寒徹骨　출문구연한철골
豁然消却胸滯物　활연소각흉체물
霜風夜月客散後　상풍야월객산후
彩樓獨在空山水　채루독재공산수

문을 열고 나왔더니 찬 기운이 뼈에 사무친다.
가슴에 막혀있던 물건을 덮어버리니 시원하게 사라진다.
서리발 날리는 달밤은 밤에 나그네 가버린 후
채색한 마루에 홀로 서서 공산에서 흘러내리는 물을 본다.

향곡이 질문하였다. 스님 열반이 있습니까?
죽음에 대한 질문이다. 아야 아야
향곡은 스님의 대답을 깨달았다. 그리고 다시 물었다.

'스님께서 돌아가시면 어디로 돌아가시겠습니까?'
'이 동네 시주 내는 집의 소가 되겠다?'
'그러면 스님을 소라고 불러야 합니까 스님이라고 불러야 합니까?'
스님은 답했다.
풀을 먹고 싶으면 풀을 먹고 물을 먹고 싶으면 물을 마시겠다.

만공

전라북도 태안읍 상일리에서 1870년 3월 7일 출생하여
정혜사에서 1946년 10월 20일 세수. 76세로 입적함

空山理氣古今外　공산이기고금외
白雲淸風自去來　백운청풍자거래
何事達摩越西天　하사달마월서천
鷄鳴丑時寅日出　계명축시인일출

빈 산의 이치와 기운은 옛과 지금의 밖에 있는데
흰 구름 맑은 바람은 스스로 오고 가는구나
무슨 일로 달마는 서천을 건너 왔는가
축시에 닭이 울고 인시에 해가 뜨는데

我不離汝　아불이여
汝不離我　여불이아
汝我未生前　여아미생전
未審是甚麽　미심시심마

나는 너를 여의지 않고
너는 나를 여이지 않았네
너와 내가 나기 이전에는
이것이 무엇인가 알지 못하네

어느 날 금오가 스님에게 물었다.
노스님 제가 요즘 아는 것이 많습니다. 제가 모르는 것 하나만 말씀해 주십시오.
스님은 느닷없이 주먹을 번쩍 들면서 말했다.

알겠느냐?
금오 또한 주먹을 번쩍 들어 마주 대하였다.
스님은 빙그레 웃으실 뿐 말이 없었다.

시자가 등을 켜자 등불이 유리창에 그림자를 비쳤다.
스님은 등불 그림자를 보고 시자에게 물었다.
이 등불이 옳으냐 유리창에 비친 저 등불이 옳으냐
시자가 재빨리 등불을 꺼버리고 반문했다.
스님 이럴 땐 어떻게 하시렵니까
스님은 아무 말도 않고 일어나 등불을 켰다.

한영

전라북도 완주 초포면에서 1870년 8월 18일 출생하여
내장사에서 1948년 2월 29일 세수. 79세로 입적함.

浮生正似隙中駒　부생정사극중구
得喪悲歡何足數　득상비환하족수
君看貴賤與賢愚　군간귀천여현우
畢竟同成一丘土　필경동성일구토

뜬구름 같은 인생 참으로 빠르게 흘러간다.
얻거나 잃어버리거나 슬프고 기뻤던 일 헤아려 무엇하리
그대는 보는가 귀함이나 천함이나 현명하거나 어리석음을
마침내 똑같이 한 무더기 흙으로 돌아가는데

이 공부 저 공부해도 부처님 공부가 제일이라는 스님은 두상이 아주 잘 생겼다고 웃으며 서정주의 머리털을 삭도로 시원하게 깎아 버리며 말했다.
'이 사람이 중이 되고 안 되고는 나중에 알아서 할 일이야.'
서정주는 무엇에 홀린 듯 그림처럼 앉아있었다.
스님에 의해 서정주는 뜻하지 않게 삭발거사가 되어 중앙불교 전문강원의 학인이 되었다.
기묘한 인연으로 한국의 대표 시인으로 서정주를 만들었으니 스님의 안목이 뛰어남을 짐작할 수 있다.
선 수행에 소홀하지 않은 스님은 교학의 대가로 스님을 화엄종주라 불렀다.
유달리 화엄학을 좋아하여 화엄에 대한 강설을 많이 하였다. 교를 무시한 선을 옳지 않다고 보았다.

제자가 참선을 해보겠다는 말에 교리도 잘 모르면서 무슨 참선이냐 사교입선이라 하는데 버릴 교가 있으면 내놓아 보라고 호통쳤다.

스님은 부처님이 열반할 때 가섭존자에게 두 발을 내밀어 보였다는 것은 삼일 만에 예수가 부활했다는 기독교와 무엇이 다르냐며 비판하였다.

한암

강원도 화천 금화에서 1876년 3월 27일 출생하여
오대산 상원사에서 1951년 2월 14일 세수. 75세로 입적함.

着火廚中眼忽明　착화주중안홀명
從玆古路隨錄淸　종자고로수록청
若人問我西來意　약인문아서래의
岩下泉鳴下濕聲　암하천명하습성

부엌에서 불붙이다 별안간 눈 밝으니
이걸 쫓아 옛길이 인연 따라 분명하네
나에게 서쪽에서 온 뜻을 묻는 이가 있다면
바위 밑 우물 소리 젖는 일 없다 하리

村孤亂吠常疑客　촌고난폐상의객
山鳥別鳴似嘲人　산조별명사조인
萬古光明心上月　만고광명심상월
一朝埽盡世問風　일조소진세문풍

마을 개 짖는 소리에 손님인가 의심하고
산새의 울음소리는 나를 조롱하는 듯한데
만고에 빛나는 마음의 달이
하루 아침에 세상 바람을 쓸어버렸네

　6.25사변 때 중공군의 개입으로 작전상 상원사를 불 태울 수밖에 없는 상황에 스님은 소대장을 불렀다.
　내가 잠시 방 안에 들어갔다 나오면 불을 지르시오.

그러나 불 지를 준비가 다 되었는데도 스님은 방에서 나오지 않았다.

가사 장삼을 갖추고 정좌하고 단정히 앉아있는 스님을 본 군인들의 표정이 영문을 몰라 어리둥절하였다.

여보게 젊은이 그대는 군인이라 명령을 따르는 게 본분이고 나는 부처님의 제자로 법당을 지키는 게 본분이라 어서 불을 지르게. 소대장은 작전 수행에 협조해 달라고 사정하여도 법당을 지키는 것이 사명이라는 스님은 망설이지 않고 어서 불을 지르라고 하였다.

소대장은 상원사 문짝만 모조리 태우고 스님에게 말했다.

저희들은 이만 물러가겠습니다. 잘 계십시오. 스님.

거수경례를 하고 돌아서는 소대장의 두 눈에 눈물이 가득 고여 있었다.

이렇게 해서 월정사는 전소되었지만 스님의 원력과 법력 덕분에 상원사는 옛 모습 그대로 남았다.

만암

전라남도 고창 중거리에서 1875년 1월 17일 출생하여
백양사에서 1957년 1월 10일 세수. 82세로 입적함

寶刀飜游刃　보도번유인
明鏡無前後　명경무전후
兩般一樣風　양반일양풍
吹到無根樹　취도무근수

보배 칼을 마음대로 쓰고
밝은 거울은 앞뒤가 없도다
두 가지 몰아 한 바람
뿌리 없는 나무에 불어 닿는다

吾將無刃劍　오장무인검
屠蘇兼供盡　도소겸공진
何處有思讐　하처유사수

나는 날 없는 칼을 잡아
도소주술과 함께 공양 올리니
어느 곳에 은혜와 원수가 있을까

　불교의 삼학이란 계, 정, 혜로 계는 몸을 바로 잡는 것이지만 굳어서 쓸모없이 되고, 정은 마음을 안정시키지만 편협하여 고목과 같고, 혜는 사리를 분별하지만 말라서 막히면 도인이 될 수 없다.
　계율을 지키고 정과 혜가 밝고 향기로워야 진리를 말할 수 있다는 삼학에 능한 분이 스님이다.
　행을 기본으로 다른 이를 위한 희생과 헌신하는 중이 되고 부처를 말하지 마

라며 몸소 솔선수범했다.

  이뭣고를 참구하여 벽을 향해 가부좌를 틀고 앉은 지 7년이 지나 연꽃 내음 향기로운 체험으로 밝아진 한 세상을 보고 득도의 경지에 올랐다.

  마음의 눈과 마음의 귀로 깨달은 것이다.

  스님은 깨달은 후에도 수행 정진하며 도인의 행으로 사람들을 놀라게 했다.

  발우에 밥을 덜어 쥐에게 먹이고 까막까치, 노루 사슴까지 설법을 들었고 고양이는 스님의 이불속으로 들어오는 지네를 막았다.

석우

경상남도 김해 교동에서 1875년 5월 11일 출생하여
대구 동화사에서 1958년 2월 15일 세수. 84세로 입적함.

山揷爲籬水用扉   산삽위이수용비
行人到比世情稀   행인도비세정희
孤菴懶客還多事   고암뇌객환다사
淨掃閒雲補弊衣   정소한운보폐의
산으로 울타리 삼고 물로 싸리문 만드니
행인이 여기 오면 세상일을 모르더라
외로운 절에 게으른 스님이 오히려 일이 많다
구름이 한가로이 해진 옷을 기워 입는구나

囊括乾坤方外擲   낭괄건곤방외척
杖垜日月袖中藏   장조일월수중장
一聲鍾落浮雲散   일성종낙부운산
萬疊靑山正夕陽   만첩청산정석양
하늘과 땅을 주머니에 담아 밖에 던지고
해와 달을 지팡이에 끼어 소매 주머니에 감주고
한 종소리 들리니 구름이 흩어지고
사방 첩첩이 둘러싸인 푸른 산이 석양 같구나

가부좌를 틀고 앉아 한 번 삼매에 들면 깨어나지 않아 돌장승스님이라는 별명이 붙은 스님은 20년 동안 산문을 벗어난 일이 없이 수행하였다. 일일부작 일일불식 장좌불와 묵언수행의 스님은 제자에게 말했다.

"내 마음속의 거울에 때를 많이 닦아냈지만, 아직 깨끗한 달을 받아들이기에 부족하네."

"스님 무슨 말씀입니까? 수행력에 티 없는 경계에 이르렀으니 그 경계만이라도 알려주십시오."

"때가 아니네. 내 이제 생사를 걸고 정진에 들어 밝은 달을 받아들일 거울을 닦아야 하니 일체 사람의 인정을 끊고 자네는 생 솔잎과 생쌀 맑은 물만을 매일 한 번씩만 가져다주시게."

백일이 지나 가을이 되었다.

스님은 가슴에 응어리졌던 무엇인가 녹아 온몸에 환희의 전율을 느꼈다.

멀리 금강산을 바라보던 스님의 입가에 미소가 보였다.

오도한 것이다.

인곡

전라남도 영광 용덕리에서 1895년 2월 15월 출생하여
해인사에서 1961년 7월 15일 세수. 67세로 입적함.

兀兀不修善　올올불수선
騰騰不造惡　등등불조악
寂寂斷見聞　적적단견문
蕩蕩心無着　탕탕심무착
흔들림 없이 똑바로 앉아 선도 닦지 말고
기운을 뽐내며 악도 짓지 말고
조용히 보고 듣고 깨닫고 아는 것을 끊고서
순조롭게 속 비운 마음에 집착을 버려라

守護淸淨戒　수호청정계
修行廣大因　수행광대인
精進不退轉　정진불퇴전
光明照世間　광명조세간
맑고 깨끗한 계율을 잘 지키고 닦아
넓고 큰 인연 수행하라
이 정진 다른 데로 옮겨 굴러떨어지지 않는다면
큰 광명 널리 바치리라

스님은 망월사 계시는 용성 스님을 친견했다.
'그래 무슨 물건이 이렇게 왔는고'
'어떤 물건도 오지 않았습니다.'

'그러면 오지도 않는 그놈은 무엇이고'
스님은 벌떡 일어나 걸으면서 말했다.
'그러면 용성 스님께서는 이렇게 걷는 놈이 무엇이라 보십니까?'
'까마귀가 까치 흉내를 내는구나.'
'여우가 사자의 탈을 쓰셨습니다.'
용성 스님은 스님을 말없이 주시하시다 하하하 라고 박장대소했다.
그리고 전법계를 내렸다

고봉

대구시 지동에서 1890년 9월 29일 출생하여
화계사에서 1961년 8월 29일 세수. 전세로 입적함.

風雨過後出太陽　풍우과후출태양
靑山白雲眼前明　청산백운안전명
潺潺流水凉其中　잔잔유수량기중
비바람 지나가고 나니 밝은 태양 솟아났네
푸른산 흰구름 눈앞에 뚜렷하니
흐르는 물소리 시원도 하여라

一切法不生　일체법불생
一切法不滅　일체법불멸
不生不滅法　불생불멸법
權稱波羅蜜　권칭바라밀
일체의 법은 생겨나지 않고
일체의 법은 멸하여 없어지지 않는다
생겨 나지도 않고 멸하여 없어지지도 않는 법
이것을 헤아려 바라밀이라 한다

　스님이 시장에 나갔다가 술을 마시고 와서 마루에 누워서 제자에게 발을 씻으라고 했다.
　제자가 대야에 물을 떠가지고 오면서 스님에게 말했다.
　"불구부정 더럽고 깨끗한 것이 둘이 아닌데 발을 씻어 무엇합니까?"
　스님은 제자의 말을 듣자 갑자기 스님 발가락을 제자의 입으로 넣었다.

제자는 뒤로 물러나 침을 뱉으며 말했다.
"더러운 발을 왜 입에다 넣으십니까?"
스님은 니가 나에게 한 말은 너의 말이 아니냐 했다.
더럽고 깨끗한 것이 둘이 아닌 줄 알았다면 입으로 들어간들 무슨 상관이 있겠는가?
스님의 선지가 전광석화와 같다.

동산

충청북도 단양 상방리에서 1890년 2월 25일 출생하여
범어사에서 1965년 3월 23일 세수. 75세로 입적함.

畫來畫去幾多年　획래획거기다년
筆頭落處活猫兒　필두낙처활묘아
盡日窓前滿面睡　진일창전만면수
夜來依舊捉老鼠　야래의구착노서

그리고 그린 것이 몇 해인가
붓끝이 닿는 곳에 살아있는 고양이로다
하루종일 창 앞에서 걱정 없이 편안하게 잠을 자고
밤이 되면 예전처럼 늙은 쥐를 잡는다

元來未會轉　원래미회전
豈有等二身　기유등이신
三萬六千朝　삼만육천조
反覆只這漢　반복지자한
佛說一切法　불설일체법
爲度一切心　위도일체심
若無一切心　약무일체심
何用一切法　하용일체법

원래 일찍이 전한 바 없거니
다시 어찌 제 2신이 있으랴
백년이라 3만 6천 날
다만 이놈의 반복이구나

부처님이 일체법 설하심은
일체심을 건지고자 함이니
만약 일체심이 없을진데
일체법 가지고 무엇에 쓰랴

1952. 6. 6 범어사에서 전몰장병 합동위령제를 했다.
이승만 대통령이 유엔군 사령관과 외교사절 등에게 법단 위의 부처님을 손가락으로 가리키며 뭔가를 설명하였다.
이 모습을 본 스님은 버럭 소리를 질렀다.
"이것 보시오 대통령이라는 분이 감히 어디서 부처님께 손가락질을 하고 있단 말이요." 호통을 치자
외국인 손님들한테 부처님을 소개해주느라 실수를 했다고 대통령이 변명을 하자 스님이 한마디 덧붙였다.
"법당 안에 들어오셨으면 누구나 모자를 벗어야 합니다."
대통령은 또 큰 실수를 했다며 용서를 구했다.
스님이 부처님께 삼배를 올리자 대통령도 모자를 벗고 큰 절을 세 번 올렸다.
위령제가 끝나자 기독교를 믿는 대통령은 스님에게 제 어머니께서도 불교를 좋아하셨고 저 역시 부처님을 존경한다고 말했다.
스님은 김구와 함께 이승만 대통령에게 호통을 친 사람이 되었다.

효봉

평안남도 양덕 쌍룡면 반성리에서 1888년 5월 28일 출생하여
표충사에서 1966년 10월 15일 세수. 79세로 입적함.

海底燕巢鹿胞卵　해저연소녹포란
火中蛛室漁煎茶　화중주실어전차
此家消息誰能識　차가소식수능식
白雲西飛月東走　백운서비월동주
바다 속 제비집에 사슴이 알을 낳고
타는 불 속 거미집에 물고기가 차를 달이네
이 집안 소식을 뉘라서 알겠는가
흰구름은 서쪽으로 달은 동쪽으로 가네

吾說一切法　오설일체법
都是早骿拇　도시조변무
若問今日事　약문금일사
月印於千江　월인어천강
내가 말한 모든 법
도무지 그것은 다 쓸데없이 덧붙이는 것
누가 오늘 하루 일을 묻는가
달이 천강에 바치니

'인간이 인간을 살리고 죽일 수 있는가? 신이 아닌 내가 어떻게 인간을 심판하고 벌할 수 있는가?'
　독립운동을 하다가 잡혀 온 남자에게 사형선고를 내린 스님은 괴로워하다 나

의 길이 아님을 발견하고 엿장수가 되어 말없이 길을 떠났다.

2년이 넘게 방랑 생활을 하던 해 여름 강원도 대관령 부근을 지날 때 날씨가 무더워 걸어 다니기가 힘들었다.

한낮 땡볕을 피해 나무 그늘에서 엿판을 옆에 두고 쉬고 있었다. 오랜 수행으로 얼굴 표정이 맑고 밝은 노스님 한 분이 물줄기 같이 퍼붓는 햇빛에도 이상하게 그늘이 없는 자리에 서서 꼼짝하지 않았다.

"스님 볕이 따가운데 이 그늘로 들어오시지요."

"지금 나는 보시를 하고 있소. 겨드랑이에 배고픈 이에게 피 좀 빨아 먹이려면 움직이면 안 될 것 같소."

"스님은 어디로 가시는 길이요."

"허허허 오는 곳에 없으니 가는 곳도 없소."

야릇한 전율을 느끼게 하는 노스님과의 인연으로 삶은 의문에 해답을 얻고자 엿판을 벗고 신계사에서 스님은 행자 생활을 시작했다.

금오

전라남도 강진 박동리에서 1896년 7월 23일 출생하여
법주사에서 1968년 10월 8일 세수. 73세로 입적함.

透出十方界　투출십방계
無無無亦無　무무무역무
個個只此爾　개개지차이
覓本亦無無　멱본역무무

온 세상이 확실하게 밝으니
없고 없다는 것 또한 없구나
다만 낱낱이 너와 나 모두 그러하기에
아무리 뿌리를 찾아봐도 없을 뿐인데

德崇山脈下　덕숭산맥하
今付無文印　금부무문인
寶月下桂樹　보월하계수
金烏徹天飛　금오철천비

덕숭산맥 아래
지금 무늬 없는 인을 전하노니
보월 스님은 달 속 계수나무 아래 내리고
금오 스님은 하늘 끝을 날으네

어느날 중년 신사가 부르는 소리에 스님은 발을 멈추었다.
"스님 이야기 한번 해봅시다."
"할 말이 있으면 하시오."

"스님은 우주가 창조된 지 몇 해나 되었는지 아십니까?"

불공에서 기독교와 다르게 하느님이 아닌 마음으로 우주가 창조되었다는 교리에 우주 창조론을 믿지 않기 때문에 스님은 대꾸하지 않고 걸어갔다.

"왜 대답이 없습니까? 하기야 스님이 알 리가 없지."

"내가 말을 하지 않는 것은 내 말을 알아듣지 못할까가 염려되어 말을 하지 않는 것이요."

"스님 우주 창조 연대를 모르는 주제에 사람을 무시할 수 있습니까?"

"무시하는 건 그쪽이요."

"그럼 스님이 우주 창조 연대를 안 단 말이오."

"아다 뿐이요 그러니 그쪽에서 먼저 말해보시오."

"이 우주가 창조된 지는 39년입니다."

"당신 나이가 39세인가 보구려."

"그럼 스님 한번 말해 보시오."

"빈 마음으로 돌아가 한마디 하면 우리의 우주 창조 연대는 약 5분 전이었고 알겠소."

청담

경상남도 진주시 수정동에서 1902년 10월 20일 출생하여
도선사에서 1971년 11월 15일 세수. 70세로 입적함.

上來佛祖錢癡漢　　상래불조전치한
汝得了知玆邊事　　여득료지자변사
若人問我何所能　　약인문아하소능
路傍古塔傾西方　　로방고탑경서방

옛부터 부처님과 조사님네 그다지도 어리석던가
어찌 그윽한 이쪽 소식 알았다 하랴?
만일 누가 나에게 능한 것이 무엇이냐 물어온다면
길가의 옛 탑이 서쪽으로 기울었다 대답하겠네

　스님은 육영수 여사에게 대덕화라는 법명과 보살제를 주면서 말했다.
　"남을 즐겁게 하는 것이 보살이요. 남을 이롭게 하는 것이 보살이요. 남을 살리는 것이 보살이다. 자기를 위해서 살면 중생이다."
　육여사는 가볍게 웃으며 알겠습니다고 말했다. 그리고 웃으면서 넌지시 물었다.
　"스님께서는 국모한테도 너너 손아랫사람 대하듯 하십니까?"
　"무엇이라고 국모"
　"옛날 같으면 그렇다는 말씀입니다."
　"그렇다면 국모 대접을 제대로 해줄 테니 어디 한번 받아 보겠는가?"
　"아이고 아닙니다요. 스님 스님께서 스스럼없이 너너 해주시니 꼭 친정 아버님을 뵌 것 같아서 제가 어리광 한 번 부려왔습니다."
　"허허허 어리광이라. 허허허허"
　스님의 목젖이 보일 것 같은 호탕한 웃음에 육여사도 따라 웃었다.

해안

전라북도 부안 격포리에서 1901년 3월 7일 출생하여
서래선림에서 1974년 3월 9일 세수. 74세로 입적함.

鐸鳴鍾落又竹篦　　탁명종락우죽비
鳳飛銀山鐵壁外　　봉비은산철벽외
若人問我喜消息　　약인문아희소식
會僧堂裏滿鉢供　　회승당리만발공

목탁소리 종소리 또한 죽비소리에
봉황은 은산 철벽을 넘어 날으네
만약에 나에게 기쁜 소식을 묻는가
화승당 안의 법을 수북하게 담아 많은 대중에게 공양이라 하노라

生死不倒處　　생사부도처
別有一世界　　별유일세계
垢衣方落塵　　구의방낙진
正是月明時　　정시월명시

삶과 죽음이 없는 곳이
좀처럼 볼 수 없는 한 세상이 있다
때 묻은 옷 벗으면
바로 이 달이 밝은 때이니라

6.25 전쟁이 일어났다. 공산군이 물밀듯 남쪽으로 쳐 내려왔다.
여기저기 백골들의 울음 불행이 꽃핀다.
죽느냐 사느냐 삶이 단순해지는 상황이다.

사람들은 너도나도 살기 위해 보따리를 챙겨 피난을 떠났다. 개처럼 죽기 싫어서다.

그러나 스님은 태연히 감나무 묘목을 접목하고 있었다.

동네 나이 많은 노인이 안타깝다는 듯 말을 건넸다.

"스님 피난은 안 가고 무얼 합니까?"

"감나무 접목 중입니다."

"스님도 이 난리통에 접목은 무슨 접목이요?"

"지금 감나무 접을 붙여주지 않으면 시기를 잃어 묘목은 쓸 데가 없습니다."

"그러다가 무슨 변이라도 당하면 어찌하려고"

"노인장께서는 어찌 죽는 법만 아시고 사는 법을 모르신단 말이오."

노인은 묵묵부답이었다.

원각

강원도 삼척 상마읍리에서 1911년 11월 28일 출생하여
구인사에서 1974년 6월 17일 세수. 64세로 입적함.

諸佛不出世　제불불출세
亦無有涅槃　역무유열반
死生本空寂　사생본공적
盈虛一月輪　영허일월윤
모든 부처님이 세상에 나오지 않았고
또한 열반에 든 것도 없다.
나고 죽음이 본래 텅 비었으니
찼다가 비우는 것이 한 달 바퀴로다

　큰 회사를 경영하는 회장의 부인이 앞을 보지 못하는 눈으로 고생을 하고 있었다. 서울대학병원 등 유명하다는 병원 여러 곳을 찾아다녔지만, 차도가 없어 독일에 까지 갔었다. 모두 별 효험이 없었다.
　눈이 성하면 온 몸이 밝아지는 등불이다
　구인사를 찾아가서 스님을 만났다.
　스님은 열심히 기도하면 눈을 뜰 것이라고 말해 주었다.
　부인은 5일간 입과 마음으로 눈이 보이게 해 달라는 오직 한 생각으로 지극정성의 기도를 드렸다.
　5일 째 밤에 관세음보살이 두개골을 수술하는 꿈을 꾸었는데 새벽에 일어나보니 눈이 정상으로 보이는 것이었다.
　그 눈에서 감격스러운 눈물이 흘러내렸다.

스님으로 인한 관세음보살인 보답으로 구인사 가는 좁은 길을 큰길로 만들었다.

부인과 같이 고생하는 사람들이 구인사에 와서 기도하며 질병을 고치기를 원하는 의미에서 거액의 불전을 바친 것이다.

기도는 우주 한 바퀴 돌 수 있는 에너지를 발현한다.

전강

전라남도 곡성 대장리에서 1898년 11월 16일 출생하여
용화사에서 1975년 1월 13일 세수. 거세로 입적함.

昨夜月滿樓　작야월만루
窓外蘆花秋　창외노화추
佛祖喪身命　불조상신명
流水過橋來　유수과교래

어젯밤 달빛이 누각에 가득하더니
창밖에 갈대꽃 가을이구나
부처와 조사도 여기에서는 몸과 마음을 잃었는데
다리 아래 흐르는 물은 다겁을 지내오는구나

九歲少林自虛淹　구세소림자허엄
爭似當頭一句傳　정사당두일구전
板齒生毛猶可事　판치생모유가사
石人踏破謝家船　석인답파사가선

9년 동안 오래도록 소림에서 면벽하고 있으니
어찌 머리를 맞대고 한 구절을 전한 것만 같으리요
판치에 털이 솟아 나오는 것도 신기한 일인데
돌사람은 사가에 배를 밟고 지나간다

　　스님은 고봉 스님과 차를 마시다가 확암 선사의 십우도에 대한 이야기를 나누었다.
　　방황하는 자신의 본심을 발견하고 깨달음에 이르기까지의 과정을 소 길들이

는 비유로 10단계 나누어 그런 십우도다.

   소 찾았어.
   자취는 보았는가?
   보았으면 잘 기르게
   기를 건 어디 있나 타고 놀면 그만이지
   타는 자는 그 누구며 태우는 잔 그 누군가?
   스님이 손뼉을 '탁' 치며 코를 한번 쓸어내렸다.
   고봉 스님은 들었던 찻잔을 말끔히 비워버렸다.

   소는 마음이다.
   마음을 쓰는 놈이 주인이지만 원래 마음엔 주적에 따로 없으나 타는 자 누구고 태우는 자 누구인가? 물었다.
   스님은 손뼉으로써 만물일체라는 도리를 보였고 고봉 스님은 찻잔을 비워 체와 용이 둘이 아닌 도리를 보였다.

춘성

강원도 인제 원통리에서 1891년 3월 30일 출생하여
화계사에서 1977년 8월 22일 세수. 87세로 입적함.

蓮花藏視通身寒　연화장시통신한

大千沙界是我身　대천사계시아신

若人問我別傳句　약인문아별전구

問答卽是出毘盧　문답즉시출비로

연화장 세계를 깨닫고 보니 온몸이 시원하구나

대천의 무수한 세계가 바로 내몸이라

만약 사람이 나에게 따로 전하는 말을 물어본다면

묻고 대답하는 게 바로 비로자나불이라 하겠다.

滿月靑山無寸樹　만월청산무촌수

懸崖撤手丈夫兒　현애철수장부아

八十年事七顚八倒起　팔십년사칠전팔도기

橫說與竪設　횡설여수설

紅爐一點雪　홍노일점설

만월 청산에 나무 한 그루 없구나

낭떠러지 절벽에서 한 발 나아가야 대장부라

87년 생애 수없이 고생하며

함부로 지껄여

붉은 회로에 떨어지는 한 조각 눈과 같구나

노보살이 장성한 딸을 스님에게 보내어 법문을 듣도록 하였다.
소견이 좁아 마음을 넓게 하기 위해서다.

스님이 말했다.

"너의 그 조그마한 구멍을 가지고 어찌 나의 이 큰 것을 집어넣을 수 있겠느냐?"

딸은 얼굴이 벌개지면서 문을 박차고 울면서 달아났다.

집에 돌아와서 노보살에게 스님의 말을 사실대로 말했다.

스님은 엉터리 돌중이야.

푸념을 듣던 노보살은 말했다.

"아이구 이것아 너는 그래서 소견이 좁지 큰스님 법문이 네 조그만 소견머리 속에 어찌 들어가겠어."

딸은 그제서야 물음을 그치고 스스로가 스님의 소중한 법문을 잘못 알아차린 줄 알았다.

추담

함경남도 함흥시에서 1898년 10월 27일 출생하여
경기도 소요산 자재암에서 1978년 11월 26일 세수. 81세로 입적함.

回首空山　회수공산

雲樹茫茫　운수망망

諸惡莫作　제악막작

衆善奉行　중선봉행

고개 돌리면 빈 산인데

구름 속 나무들이 넓고 멀게 울창하구나

어떤 악이든 짓지 말고

선을 행하여 중생을 받들어라

　어느 날 법상에 오르자마자 스님은 허허 허어 하며 법당 안에 메아리치게 크게 웃었다.
　한참 웃은 뒤 이번에는 어엉 어엉 아이고 아이고 하며 슬프게 대성통곡하였다.
　스님이 실성한 것이 아닐까 긴장감이 감돌고 있었다.
　한참 후 스님은 진지한 음성을 가다듬어 한마디 설하였다.
　우리 인간 세상은 이렇게 울다가 웃는다 이 말입니다.
　사람의 몸으로 태어난 이상 늙고 병들어 죽는다.
　태어남을 받은 인생이고 보면 죽지 않는 인생은 없다.
　울다가 웃는다. 웃다가 운다. 여기에 목마른 자신인 정체 깨달음이 있다.
　정직, 용기, 성실로 사회생활을 하려면 선으로 대하라.
　자비로써 이해하고 존경해야 한다고 인생 법문을 듣는 대중들에게 스님은 말하였다.

향곡

경상북도 영덕 토성리에서 1912년 1월 8일 출생하여
해운정사에서 1978년 12월 18일 세수. 67세로 입적함.

木人嶺山吹玉笛　목인영산취옥적
石女溪邊亦作舞　석여계변역작무
威音那畔進一步　위음나반진일보
歷劫不昧常受用　역겁불매상수용
나무 사람은 잿마루에서 옥피리를 불고
돌 여자는 시냇가에서 또한 춤을 춘다
위음왕불 이전으로 한 걸음 나아가니
역겁에 어둡지 않고 언제나 수용하리라

忽見兩手全體活　홀견양수전체활
三世佛祖眼中花　삼세불조안중화
千經萬話是何物　천경만화시하물
從此佛祖總喪身　종차불조총상신
홀연히 두 손을 보고 전체가 드러났구나
삼세 불조들은 눈병에 헛꽃이네
천경과 만론들은 이 무슨 물건인가
이를 쫓아 부처와 조사가 상신 실명하였구나

鳳岩一笑千古喜　봉암일소천고희
曦陽數曲萬劫閑　희양수곡만겁한
來年更有一輪月　내년경유일륜월

金風吹處鶴唳閑 금풍취처학여한
봉암사에 한 번 웃음 천고에 기쁨이고
희양산 및 곡조는 만겁에 한가롭다
내년에 둥근달이 다시 있겠지
가을바람 부는 곳에 학의 울음 새롭구나

스님이 누더기를 입고 있는데 고봉이 와서 물었다
"바느질은 어떻게 하느냐?"
스님은 말없이 바늘로 고봉의 다리를 찔렀다.
고봉은 아야 아야 하고 소리를 질렀다.
스님은 고봉을 한 번 더 찔렀다.
그러자 고봉이 말하였다.
"그 녀석 바느질 잘하는구나!"

운허

평안북도 정주 어호동에서 1892년 2월 25월 출생하여
봉선사에서 1980년 11월 18일 세수. 89세로 입적함.

平生慚愧口喃喃　　평생참괴구남남
末後了然超百億　　말후요연초백억
有言無言俱不是　　유언무언구불시
伏請諸人須自覺　　복청제인수자각

부끄럽게 한평생 입으로 나불거렸다
마침내 알고 보니 백억 마디 말조차 넘어섰구나
말하는 것도 말 없는 것도 모두 옳지 않으니
엎드려 청하노니 여러분 모름지기 스스로 깨달아라

나란 무엇인가?

나의 몸은 무엇이고 나의 마음은 무엇인가? 이것이 불교의 수행하는 최고의 목적이다.

그런데 우리는 왜 나를 모르고 깨닫지 못할까?

망상과 집착 때문이다.

일시적으로 인과 연이 화합하여 나타나는 가상을 분별하고 사랑하기 때문이다.

영구불변하는 진실한 존재가 아니다. 현상을 감수하고 본체를 깨닫지 못하는 망상과 집착을 헌신짝처럼 버려라.

마음은 생기지도 없어지지도 않는 영원한 것이고, 몸은 나고 죽는 무심한 것인데, 몸을 위하여 죽을지 살지 모르고 분망하게 살아 부처와 중생의 차를 좁히지 못한다.

부처님의 말씀에 의지하여 나를 살피고 나를 깨달아 소아에서 벗어나 대아를 체득하여야 하겠다.

묵담

전라남도 담양 남산리에서 1896년 3월 8일 출생하여
용화사에서 1981년 1월 3일 세수. 86세로 입적함.

靑天雷霆鳴　청천뇌정명

天地大濤起　천지대도기

我卽常安閑　아즉상안한

聊與山花笑　요여산화소   그

푸른 하늘에서 천둥소리 울리고

온 천지에 거대한 파도가 일렁거리지만

나는 늘 편안하고 한가롭다.

저 산중에 활짝 핀 꽃과 함께 웃는구나

越彼法界獨尊性　월피법계독존성

豈拘生死輪迴相　기구생사윤회상

若人問我來去處　약인문아래거처

雲在靑天水在甁　운재청천수재병

저 법계의 홀로 높고 귀함은

생사윤회에 걸림 없이 자유롭다

누가 만일 내가 가는 곳을 묻는다면

구름이 푸른 하늘에 있고 물은 병에 있다 말하리라

온 곳도 모르고 갈 곳도 모르는 인생.
올 때도 홀로 와서 돛도 낯도 없는 나룻배처럼 방황하다 갈 때도 홀로 간다.
그러나 불교에 귀의하여 마음을 찾는다면 인간의 승리자가 아닐까?

더위를 못 이겨 울어대는 매미 소리를 가릉빈가의 소리로 듣고 스님은 깨달음을 얻었다.

어떤 제자가 물었다.

"어느 것이 일념 상응법입니까?"

"생각과 지를 같이 잊어버리면 이것이 상응법이다."

"생각과 지를 같이 잊어버린다면 누가 부처를 봅니까?"

"잊음이 무이며 없다는 무가 곧 부처다."

"무면 말이 없는데 무엇을 불러 부처를 지으려 합니까?"

"무도 공도 부처도 또한 공이라 무가 곧 불이며 불이 곧 무이다."

제자는 말없이 일어나 스님께 삼배를 올리고 물러났다.

경봉

경상남도 밀양 계수동에서 1892년 4월 9일 출생하여
통도사에서 1982년 7월 17일 세수. 91세로 입적함

我是訪吾物物頭　아시방오물물두
目前卽見主人樓　목전즉견주인루
呵呵逢着無疑惑　가가봉착무의혹
優鉢花光法界流　우발화광법계류
내가 나를 모든 여러 가지로 찾아다녔는데
눈앞에 바로 주인공이 나타났네
허허 이제 만나 수상한 의심 없이 웃으니
우담발라화 꽃빛이 온 세상에 흐르네

一怒一欣雙笑事　일노일흔쌍소사
世間誰識此風流　세간수식차풍류
呵呵呵呵羅羅哩　가가가가라라리
한번 화내고 한 번 기뻐하는 두 가지 우스운 일
세상에 누가 이렇게 멋스럽게 노는 일 알겠는가
허허허허 라라로다.

사바세계는 돌도 많고 물도 많다. 돌에 채여서 자빠지고 물에 빠져 허우적거린다.
어느날 젊은 여자가 스님을 찾아왔다.
스님이 무슨 여자가 수심, 근심 보따리를 가슴에 가득 안고 다니느냐 말했다.
여자는 울음을 터뜨렸다.
스님은 성질이 급하고 고집이 세고 신경질이 많다며 고쳐라라고 하였다.

인생길에 상처를 받지 않고 살 수 없는 곳이다.
고무줄이나 용수철은 당기면 늘어지고 놓으면 오므라든다.
이것처럼 신축성이 있어야 한다.
버스에 쿠션이 없으면 엉덩이가 상하는 것과 같다는 스님의 말을 여자는 한참 듣다가 갔다.

탄허

전라북도 김제시에서 1913년 1월 15일 출생하여
월정사에서 1983년 6월 5일 세수. 71세로 입적함.

春有百花秋有月　　춘유백화추유월
夏有凉風冬有雪　　하유량풍동유설
若無閑事掛心頭　　약무한사괘심두
便是人間好時節　　편시인간호시절
봄에는 온갖 꽃이 피고 가을에는 달이 밝고
여름에는 바람 불고 겨울에는 흰 눈 내린다
쓸데없는 생각만 마음에 두지 않는다면
언제나 한결같이 좋은 시절이다

  선이란 닦는다. 고요히 생각한다는 뜻이다.
  그러나 고요히 생각하고 닦는다지만 무엇을 어떻게 생각하고 닦느냐가 문제다.
  우리의 마음은 네 가지로 분류된다.
  육체적 생각에서 우러나는 마음, 보고 듣는 데서 분별하여 내는 마음, 망상을 내는 마음, 본성으로서의 마음인 견실심이다.
  선은 네 가지 마음 중 부처님의 마음인 견실심을 보는 공부다.
  따라서 선은 만법이 근본이 되는 불교의 핵심이다.
  교리는 부처님이 말씀이라면 선은 부처님의 마음이라고 한다.
  선을 추구하여 부처님의 마음을 깨치면 생사가 없고 해탈인이 되어 우주의 근원적 진리를 파악하게 된다.
  유불선 삼교를 회통한 스님이 선이란 무엇인가란 법문이다.

구산

전라북도 남원 내척리에서 1909년 12월 17일 출생하여
송광사에서 1983년 12월 16일 세수. 75세로 입적함.

深入普賢毛孔裡　심입보현모공리
捉敗文殊大地閑　착패문수대지한
冬地陽生松自綠　동지양생송자록
石人駕鶴過靑山　석인가학과청산

깊이 보현보살인 터럭 속에 들어가
문수보살을 붙잡으니 대지가 한가롭다
동짓날 소나무가 스스로 푸르르니
돌사람이 학을 타고 청산을 지나간다

萬山霜葉　만산상엽
紅於二月花　홍어이월화
物物頭頭　물물두두
大機全彰　대기전창
生也空兮死也空　생야공혜사야공
能仁海印三昧中　능인해인삼매중
微笑而逝　미소이거

온 산에 단풍이
봄꽃보다 아름답게 붉으니
온갖 사물의 현상들이
큰 기틀을 온통 드러낸다
생이 공이고 죽음 또한 공하니

부처의 해인삼매 중에
미소 지으며 가도다

　서른 살 스님은 우바라 존자처럼 이발사였다.
　이발관에서 폐결핵에 걸려 진주에 사는 허 처사를 찾아가 병이 나을 수 있는 방법을 들었다.
　하늘에 해는 언제나 밝게 비추지만, 구름이 끼어서 햇빛을 가리니 비바람이 부는 이치를 아느냐?
　사람의 자성은 원래 청정한 법이니 자성만 찾으면 병이 나을 것이다. 전생의 업이라는 구름만 소멸시키면 되는 것이니 관음 기도를 백일 하면 완쾌될 것이다는 말을 믿고 남원 영원사에서 관세음보살의 은덕으로 목숨을 건졌기에 그 은덕을 갚고자 중이 되려고 스님은 효봉 스님을 찾아갔다.
　자신은 그런 신통력이 없다는 호봉 스님은 불교는 신통력을 얻는 곳이 아니며 마음을 깨치기 위해 고행하는 종교라며 돌아가서 농사나 지으라며 거절하였다. 관음 기도를 부르는 그놈을 알면 다시 오너라.
　집에 와서 관음 기도를 백일들만 하였으나 진전이 없어 이듬해 초파일 날 호봉 스님이 스님의 머리를 깎아주었다.

동헌

충청남도 부여 판교리에서 1896년 6월 14일 출생하여
화엄사에서 1984년 9월 9일 세수. 88세로 입적함.

無言智異山　무언지리산
無說亦七佛　무설역칠불
無問是甚麽　무문시심마
無心親白雲　무심친백운
지리산은 말없이 앉아있고
일곱 부처님 또한 설하지 않는다.
이 뭣고를 묻지 않으니
텅 빈 마음 둘 곳은 흰 구름뿐이네

龍師所授法　용사소수법
非法非非法　비법비비법
吾今無傳傳　오금무전전
汝亦無受受　여역무수수
석가부처님이 주신 법이여
법도 아니고 법 아님도 아니다
내가 이제 전하는 바 없이 전하니
너 또한 받은 바 없이 받아라

어떤 사람이 스님에게 물었다.
"어떤 기도를 해야만 부처님의 가피를 얻고 한 생각을 돌이켜서 문득 스스로의 성품을 깨달을까요."

스님이 말씀하셨다.

"다만 그대 스스로의 마음이거늘 다시 무슨 기도를 하겠는가? 만일 기도를 통하여 알려고 한다면 마치 어떤 사람이 자기의 눈이 보이지 않는다 하여 눈이 없다고 하면서 다시 보기를 바라는 것과 같다."

"다시 볼 방법은 없습니까?"

"지금 묻는 놈을 찾아보아라."

"그놈이 없습니다.

스님은 목침을 집어던지며 말했다.

"이래도 없느냐?"

그 사람은 깜짝 놀라 삼배 후 말없이 물러났다.

혜암

황해도 백천 해월면 해미리에서 1986년 1월 5일 출생하여
수덕사에서 1985년 5월 19일 세수. 101세로 입적함.

語默動靜句　　어묵동정구
箇中誰敢着　　개중수감착
問我動靜離　　문아동정이
卽破器相從　　즉파기상종
어묵동정 떠난 한 마디 글귀
여럿 있는 그 가운데 뉘라서 손댈 것인가
나에게 일어나는 현상을 묻는다면
깨진 그릇 서로 맞추지 못한다 하리라

薰風自南方來時　　훈풍자남방래시
無常無空無非空　　무상무공무비공
부드럽고 따뜻한 바람이 남쪽에서 불어올 때
실체라는 상이 없고 허망한 것도 아니고 허망하지 않는 것도 아니다.

천주교 수녀들이 스님에게 물었다.
"극락세계가 있습니까?"
"있습니다."
"그러면 그 극락세계가 보입니까?"
"보입니다."
"도를 깨달은 사람에게는 보이고 깨닫지 못한 사람에게는 보이지 않습니까?"
"믿으면 누구나 다 볼 수 있습니다."

스님은 수녀들이 어떻게 볼 수 있느냐고 물었더라면 이렇게 보인다고 가르쳐 줄 테인데라고 말했다.

영암

경상북도 울진 수산리에서 1907년 8월 10일 출생하여
봉은사에서 1987년 6월 3일 세수. 80세로 입적함.

偶因經行際　우인경행제
忽看一葉落　홀간일엽락
生者必歸滅　생자필귀멸
老胡會漏泄　노호회누설

우연히 도를 닦음을 만나
홀연히 단풍잎 하나 지는 것을 보았네
생명이 있는 것은 반드시 멸하여 돌아간다고
부처님께서 좀 더 일찍이 알려 주셨다

짜고 달고 쓰고 신 것 네 가지가 기본적인 미각이고 맵고 떫은 것은 순수하지 않는 감각이나 후각과 혼합된 것임을 아는 사람이 스님을 찾아왔다.
"스님, 밥을 먹으려면 반찬이 여러 가지지요."
"그렇다."
"그 반찬 맛이 각각 다릅니까? 같습니까?"
"똑같지."
"스님 거짓말 마십시오. 반찬 맛이 각각 다르지 어떻게 같습니까?"
"맛에 얽메이는 것은 얕은 소견이다. 입맛은 달고 쓰고 짜고 매워도 그 근본은 하나이다."
"스님 그게 무슨 말씀이십니까?"
"본래 맛을 하나인데 사람들이 짠맛 쓴맛 매운맛이라는 이름을 붙여 구별하

는 것이다."
 고개를 갸우뚱거리는 사람을 보며 스님은 미소를 지었다.
 맛은 설명할 수 없을 때 더욱 맛있다.

고암

경기도 파주 식헌리에서 1899년 10월 5일 출생하여
해인사에서 1988년 10월 25일 세수. 90세로 입적함.

伽倻山色方正濃　가야산색방정농
始知從此天下秋　시지종차천하추
霜降葉落歸根同　상강엽락귀근동
菊咲望月照虛空　국소망월조허공

가야산 단풍이 짙어졌으니
바야흐로 지금이 가을이던가
때가 되면 낙엽이 뿌리로 돌아가고
구월 보름 밝은 달은 허공을 비치나이다

禪定三昧　선정삼매
壺中日月　호중일월
凉風吹來　량풍취래
胸中無事　흉중무사

선정의 삼매 이름은
조그마한 항아리 속 일월과 같고
시원한 바람이 부니
가슴 속에 일없다

스님의 일평생은 겸손과 하심이었다. 자신의 내면에 도사리고 있는 잘난 채. 아는 체하는 교만을 힘을 다하여 꺾으며 용성스님을 모셨다.
"이것 보시게"

"예 스님"
"조주의 무자의 열 가지 병에 걸려들지 않으려면 어떻게 해야 하는가?"
"다만 칼날 위에 길을 갈 뿐입니다."
"세존이 영상회상에서 연꽃을 들어 보인 뜻이 무엇인가?"
"사자굴에는 다른 짐승이 있을 수 없습니다."
"혜능 스님이 바람에 움직이는 것도 깃발이 움직이는 것도 아니고 마음이 움직이는 것이라고 했는데 그 뜻은 무엇인가?"
"하늘은 높고 땅은 두텁습니다."
용성 스님은 스님의 도기가 제대로 구워졌음을 직감하고 주장자를 들어 세 번 내리쳤다.
딱 딱 딱
방안에 잠시 침묵이 흘렀다.

성철

경상남도 산정 묵곡리에서 1912년 4월 10일 출생하여
해인사에서 1993년 11월 4일 세수. 82세로 입적함.

黃河西流崑崙頂　황하서류곤륜정
日月無光大地沈　일월무광대지침
遽然一笑回首立　거연일소회수립
靑山依舊白雲中　청산의구백운중

황하 강물이 서쪽으로 흘러가서 곤륜산 꼭대기에 높이 솟고
해와 달은 빛을 잃고 대지는 꺼져 버렸다
깊은 생각 없이 한바탕 웃고 나서 돌아보니
청산을 옛 모습 그대로 흰구름 속에 서 있네

生平欺狂男女群　생평기광남여군
彌天罪業過須彌　미천죄업과수미
活陷阿鼻恨萬端　활함아비한만단
一輪吐紅掛碧山　일륜토홍괘벽산

일생동안 남녀의 무리를 속에서
하늘을 넘치는 죄업은 수미산을 지나친다
산채로 무간지옥에 떨어져서 그 한이 만 갈래나 되는지라
하나인 둥근 수레바퀴 붉음을 내뿜으며 푸른 산에 걸렸구나

장암에 걸린 여신도가 스님을 찾아왔다.
그리고 고민과 공포감에서 벗어나지 못한 채 말했다.
"스님 장암 선고를 받았습니다."

"의사가 얼마나 더 살 수 있다고 하던가요?"

"그대로 놔두면 몇 달 안에 죽을 거라더군요."

"그럼 지금부터 매일 부처님께 삼천배를 올리면 회복할 것입니다."

여신도가 어차피 죽게 될 것이라면 부처님께 원 없이 절이나 하자며 매일 삼천배를 하였다.

점점 통증이 없어졌다.

병원에 가서 재검사를 했을 때 암 부위가 신기하게 없어지는 기적이 일어났다.

삼천배가 불치병을 낫게 했다. 부처님과 함께하는 믿음의 자식이 기적이다.

3 공 33

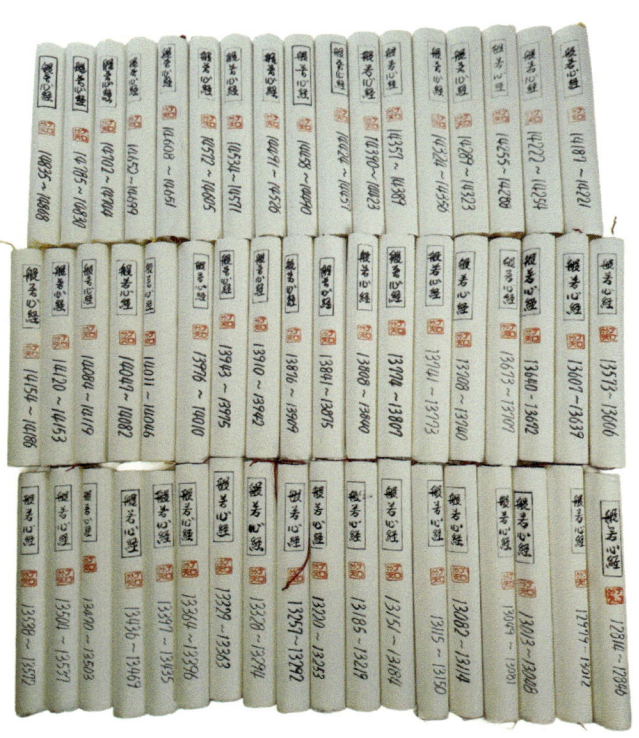

공은 진리를 싣고 고해를 건너가는 나룻배

공이여

서지도 뛰지도 눕지도
그림자 마저 거부하는 너

꿈틀거리는 뼈도 살도
무덤까지 보이지 않는 너

절망과 고독 침묵까지 비우고
으르렁거리는 너

삶도 죽음도 버리고
나와 신(神)을 울게 하는 너

괜찮다고

주어진 운명 멍하니 만지다
내려놓는 날

더 이상 살려다 죽는 거 대수냐
희망도

절망도 그래그래
아무것도
줄 수 없다는

공(空)에게 말해야지
웃으며 아직 살아 있으니
말해야지
괜찮다고

구도(求道)

새벽 눈 뜨니
간밤 이야기 나눈 사람
간데없다

텅 빈 바람 앞세우고
벌써
길을 나섰구나

꼭 찾아리
다 버려라
무슨 이별만 있으랴만

두고 간
마음
어찌 할건가

그랬구나

그랬구나
반야심경이
눈물이었구나

공이 된 어머니
그리워
몰래 울게 하는

그곳까지 보내드릴
밤새 모은
눈물이었구나

여린 새벽
사경한 눈물
반야심경이

그랬구나
그랬구나

나는 이다

나는 하느님이 참다가 시원하게 쏟아놓은
무지개빛 똥이다.

나는 부처님이 심심하여 여기저기 내깔린
닐리리아 낚서다

나는 소크라테스의 모름을
쪼그리고 앉아 배우는 바보다.

나는 소원 없는 소원만 찾아다니며
함실거리는 괴물이다.

그러나 반야심경 따라 존재의 참맛
공(空)이 되고 싶다

더와 덜

더 더
조금만 더 더 세상살이
얼마나 무거운가

보다 가볍게
덜 덜 들었다 놓으면
얼마나 좋은지

갈 때가 된 나이
극락으로 걸어가는 텅빈 소리
이제야 보이는구나

더 더 아닌
덜어내는 삶
이렇게 살다가자

님아 님아 우리 님아
더위 파는 매미
반야심경 외우는데

따라서 운다

하늘이 울면 모두가 운다
산은 앉아서 울고
나무는 서서 울고
바다는 누워서 울고
바람은 달아나면서 울고
비는 그냥 울고
나는 따라서 운다

무지개

빨강 하나로
무지개가 되지 않는다

빨주노초파남보만으로도
무지개가 되지 않는다

무지개가 되려면
하늘과 산 바람과 비가 있어야 하고

무지개를 바라보는 새와 꽃
그리고 눈물 가진
우리가 있어야 한다

무풍한 송로

불상 잃어버린 금강 계단
두 손 모아 33배 드리고

뜨거운 번뇌
구불거리는 소나무들
춤추는 길

세상일 모르게
반야경 지팡이 삼아 맨발로 걷는다
아내야

가다 보면 만나겠지
공(空) 옷 꿰메 입은 부처님

외로운 통도사도
여름을 안고 땀을 흘리네

반야옥

친구야 시간이 없다
전생을 밀쳐두고 금생에 자재를 준비하여
내생에 살 집을 설계하자

홍수나 화재 지진에도 타거나 무너지지 않는
튼튼한 집을 짓자

좋은 사후를 위해 푹 쉴 수 있고
기댈 수 있는 보금자리를 그리자

참된 흙 선한 나무 그리고 아름다운 돌 진선미로
너를 위해 희생과 봉사의 기둥 세우고
우리를 위해 사랑과 정성의 지붕 씌우고
나를 위해 검소와 절약의 벽을 만들자

사람 동물 식물 무생물 비존재들
모두의 소망과 믿음이 이루어지게
반야옥을 지어 공(空)을 감동시키자

이승에서 만난 고마운 친구야
시간이 없다
시간이 없다

본시무일물(本是無一物)

구름이 흘러다녀도
하늘 아래
산은 그대로다

괜히
이승에 왔는가
늙은 자두나무에
매달아 놓은 범종 소리
어디로 가려는지

산빛 고운 백마산
공(空)에 기댄
열아홉 비구니가
몰래몰래 우는구나

우지마라
우지마라
본시 아무것도 없는데

부처님이여

긴 침묵에서
얻은 소리가 너무 많아
부처님이 울까
걱정입니다

깊은 어둠에서
만난 빛이 심히 아파
부처님이 볼까
걱정입니다

침묵도 시끄럽고
밝음도 너덜한 나의 날개짓
부처님이 멀리할까
걱정입니다

반야심경 사경하다
저 세상 가거들랑
참한 공(空)으로 만들어 주소서
부처님이시여

분실물

이승에서 주운 나
누구 것인가

하늘 산 바다 모두
알지 못해 말이 없다

어둠이 오기 전
바람되어 떠나야 하는데

아무 때 아무 곳
버리고 그냥 갈까

나 찾아 가세요
주인 어디 갔소

있는 나 데려가라
시공을 흔든다

불영사

웅장한 천축산 아래
유심한 불영계곡 휘돌아
산태극 수태극

그 기운 길지(吉地)라
내 어찌 한 줄기 바람으로
그냥 왔다 가리라

12,141번 반야경 드리며
연못에 비친 부처님 그림자 뵙고
춤추며 꿈꾸며

저 공(空)의 함성따라
깨달음 한결 배워보리라

사경

낙가산 보문사는
새벽 범종 소리 만들어
수평선에 나 내려놓고
철썩철썩 견디는
그렇고 그런 세상
반야심경 사경하며
살아가란다

산채정식

보리수 아래 석가의 땀은 참기름
십자가에 매달린 예수의 피는 보리고추장
독약 받은 소크라테스의 수염은 산나물
천하를 철환한 공자의 허벅지는 이팝

사는가시피 살려면 비벼라
하늘 다 열리게 비벼라
어둡고 무겁게 목쓴 영혼 빛날 때까지
침 삼키며 회개와 구원으로 멋있게 비벼라

삼림(森林)

반야심경 숲
순수한 마음에
꽃 같은 지혜와
나비 같은 자비로
14,444 그루가 자랐다

속(俗)된 바램
졸라대도
아름답게 비우는
공(空)이라

오늘은 잠들란다
무음(無音)의 품에서

상제부처님

나무부처님은 하늘부처님만 쳐다보고
강부처님은 바다부처님만 찾아가는데

비부처님 기다리는 꽃씨부처님 가슴 곁에
새 생명 이어달리는 지렁이부처님이
임신한 산새부처님에게 나지막이 몸을 맡긴다

부처님 가득 찬 무등(無等) 세상
달무리 어린 정 탓인가
바람 머물다간 연(緣) 탓인가

두타산 하늘문 맨발로 오르는 상제부처님
떴다 감은 눈에 눈물이 고인다

설빔

늘 알몸 즐기시는
돌부처님

새해 복 많이 받으시라는
중생이 부끄러워
어머

오늘은 우리 부처님
흰옷 한 벌 입으셨네

소리

어릴 적엔 죽으면 소가 되고 싶었고
자라서는 비가 되고 싶었는데
이젠 소리가 되고 싶습니다

열아홉 비구니 섬섬옥수로 만들어진
새벽 범종 소리가 되어 하늘로 돌아가고 싶습니다

백마산 물 따라 흐르는 마음
달라지거나 맺어짐 알지 못하고
있지도 없지도 않는 그대로
공(空)의 침묵에 안기고 싶습니다.

소석(笑石)

송이 많은 산은 울타리
오징어 노는 바다는 대문이다

봄 산불에도 그대로
늦태풍에도 본 모습인데

스님 없는 내불사(乃佛寺)
선탑(禪榻)에 홀로 앉아
헤어진 하늘 꿰메인다

꽃이 피니 새가 울고
바람따라 물 흐르는
부처님 찾아가는 길에

지락(至樂)으로 기다리는
공(空)이 어왠 일인가

어머니

칠십 년 전
엄마 나 똥 쌌어
그 후 칠십 년
아들아 나 오줌 쌌다

세월아
그래그래
참 잘했다

막힌 이승 채운 설음
시원하게 싸다 가거라
배 고프면 울지마라

가슴 내주던 공(空)에 숨은
울어머니 그리워
불효자가 자꾸자꾸 운다

여형 스님

공(空)에서 나와
세상 때 묻힐 줄 모르는 님
비움의 아름다움을 가진 님
있음에 떠나는 즐거움 아는 님
산새와 새벽 예불에 함께하는 님
108 염주 만(萬) 번 돌리는 님
줄리에타 마시나 떠올리는 님
부처님과 결혼한 님
공(空)으로 간다

웃음거리

나이 들어 사방이 캄캄하다
언제 어떻게 넘어질지
촛불을 켠다

수심 많은 저녁
어둠이 간지러움을 견디지 못한다
이빨 없는 웃음이 노랗게
서러움을 지운다

남아 있는 삶이 하늘로
하 하 하 타오른다
그리움에 묻어둔 공(空)아
있는 나 보이느냐
없는 너 보이는데

잠두산 보릿재 넘어가는 바람따라
이 세상 잘 놀다 가려니
걱정아 제발 잠 잘 자고
잘 웃는 나 건들지 마라

유수

온몸으로 흐느끼며 춤추다
깨끗함을 위해 더러워지는
너

부정불구 찾아 사막을 건너가는
선승
어디로 갈지

공(空)으로 지워질
나만 남겨두고
갈 길 멀다 뒤돌아 보지 않는다

우리 님이 없으시면

우리 님이 없으시면
샛노랗게 익어가는 봄을 언제 볼까요
여름 건너가는 쓰르라미 무엇으로 울까요
짐승처럼 우는 가을비 어떻게 달랠까요
철모르게 긴 겨울 얼마나 추울까요

우리 님이 없으시면
신물 나게 집적거리는 속세 어디에다 버릴까요
함께 안고 자고 일어날 깨달음 누구와 나눌까요
무엇이든 바치고 절 올리는 나를 어이 할까요
만 번 사경한 반야심경 님에게 드릴까요

님이 없으시면
님이 없으시면

이별은 짧게

공아 공아 우리 공아
이별한 지 며칠인가
손 흔들면 들리는 만큼만 멀어져야지

보고파서 바라보면
보이는 만큼만 떠나야지
발길로 걸어가면
만날 수 있는 만큼만 헤어져야지

서러이 우는 밤
그리워지는 만큼만 떨어져야지
시든 정 마른 마음
비처럼 울지 말고
바람인 양 한숨짓지 말자

하루만 사랑의 눈물 곱게 흘리고
돌아눕는 이별을 하자
공아 공아 우리 공아

이별은 짧게 조금만 절룩이고
다시 만날 것처럼 헤어지자

꿈

꿈에서 죽어 잠을 깨니
또 꿈속이라
꿈길밖에 길이 없어

꿈길로 가니 반야심경 사경하는
나는 공(空) 찾아
길 떠난 바람이구나

오늘도 밤마다 오가며 어리석게
꿈의 껍질을 벗긴다
꿈꾸기인가
꿈깨기인가

구름이 비가 되어
울고 있는데

친구야

친구야
살다가 갈 곳 없으면
얼마나 슬픈가

죽음 하나라도 기다려 주니
마냥 고맙지

그곳이 어떠한지 몰라도
공(空) 가득 담은 술
한잔하세

그리고 하늘 한번 보고
허허 웃어주세

친구야
친구야

콜벤 신부

나 대신
죽을 수 있는 너 없을까
너 대신
죽을 수 있는 나 있을까

나 위해서
죽을 수 있다는 너 있으면
나는 행복하다
너 위해서
죽을 수 있다는 나 있으면
나는 더 행복하다

삶의 최고의 순간
우리는 서로가 한번 보고 싶다는
마지막 한마디 남길 것이다
콜벤 신부여 공(空)이여

타각(他覺)

공이여
끝 모르게 스며드는 하루
어찌하오리

과거와 미래가 소멸된
높은 곳으로
하늘을 넘고 또 하늘을 엄고

영원한 깨달음이여
무한한 깨달음이여
우리 함께 가자

탄공(吞空)

군더더기 삶 만지작거리는
색(色)아 가만히 보고
소리야 조용히 들어라

배고프면 밥 먹고'
잠 오면 자고
일없이 앉아 스스로 그러하니

너와 나
우리 모두
명화 명곡 명작이 아니냐

화선지에 반야심경
비움 가득 채우고
공(空) 한번 마셔보자

표시석

산 정상에 오거들랑
하늘만 보지 말고
공(空) 소리 한번 들어보소

듣다가 싫어지면
전생에 두고 간
없는 나 찾아보소

만나거들랑 울지 말고
큰절 크게 올려주소
산 정상에 오거들랑

④ 이야기 33

낯선 이야기에서 인간은 아름다워진다.

고독

고독이란 비처럼 외롭고 쓸쓸하다 하여도 고독은 자기 혼자 있는 문명인의 권리다.

독생독사(獨生獨死) 독래독거(獨來獨去)를 이해해야 할 나이에 의지할 곳이 없는 외로움. 몸과 그림자가 서로 불쌍하게 여겨지지만 (形澡相弔) 정신적으로 강해지기 위해서는 고독해야 한다.

일본 어느 소도시에 혼자 사는 독거노인이 있었다. 그의 일과는 아침에 일어나서 아주 긴 편지를 쓰고 점심을 먹고 나면 그 편지를 부치러 우체국에 간다. 집에 돌아오면 우편함에서 그날 배달된 편지를 꺼내어 읽는다.

알고 보니 서로 등을 기대어 줄 사람이 없어 매일같이 쓴 편지를 모두 자기 자신 앞으로 쓴 것이었다. 영혼을 씻어가며 자기가 자기에게 편지를 쓰고 자기 집 주소로 부치고 그것이 배달되면 또 답장을 쓴다.

인간과 동화되지 못하는 관계로 상처를 많이 받았는지 오직 타인에게 자신을 잃지 않으려고 혼자서 자고 홀로 깨며 홀로 편지를 쓰며 살아간다. 고독의 맛을 알면서…

자유롭고 편한 천국일지라도 혼자 살려면 견디기 힘들 텐데 잘 지내니 다행이다. 쓸쓸한 가을밤이 길어도 괜찮겠다.

나는 누구인가 인생이란 무엇인가란 고통을 치료해주는 답이며 약이 고독이다.

20세기 최대의 서정시인 릴케는 천애의 고아로 고향을 떠나 파리로 갔다. 아는 지인이나 연인도 없이 재산이라고는 트렁크 하나뿐이었다.

죽음 곁에 불안과 공포의 삶에 절망과 허무와 싸우면서 신의 존재와 사랑을 찾고자 말테의 수기를 쓰고 나서는 죽어도 좋다고 하였다.

고독과 싸우고 고독을 파면서 고독을 시로 썼다. 릴케의 고독은 무겁고 침울

한 것이 아니라 유리처럼 맑고 보석처럼 찬란한 것이라고 했다.
 누구나 혼자 태어나 혼자 살다가 혼자 죽는다.

> 나의 성스러운 고독이여
> 너는 눈 뜨는 정원같은
> 풍요하고 맑고 드넓다.
> 나의 성스러운 고독이여
> 많은 소망이 기다리는
> 그 황금의 문을 닫고 있어라.

 그 사막에서 그는 너무도 외로워 때로는 뒷걸음질로 걸었다. 자기 앞에 찍힌 발자국을 보려고 라는 글을 쓴 오르텅스는 외로울 때마다 발을 물에 담그라고 했다.

고려장

부모의 연(緣)으로 받은 자식의 몸과 마음이
이 세상에서 가장 소중한 유산이거늘
부모가 재산이 많으면
자식들이 서로 달라고 안달복달 야단이고
부모가 재산이 없으면
무얼 할려고 날 낳았냐고 해준 게 뭐가 있느냐고
눈 까집고 대든다.
세상만사 자식 이기는 부모 없다는데
있어도 괴롭고 없어도 괴롭다.
니꺼 니가 먹고 내꺼 내가 먹자고 다짐해도
잠시 머문 이승에서 맺은 인연의 끈
모질게 끊어지지 않는구나
아들아 너 혼자 돌아갈 걱정이다.
솔잎 따서 뿌리고 가는 업힌 어머니
불쌍하고 배고픈 짐승 배불리 먹으라고
소중한 육신 내주시는 어머니
꼭 극락 가실 거라고
깊은 산중 지게 지고 가는 자식 하나가 부럽다.

관찰

낙타를 잃어버린 카리반(대상)이 사막에서 스님을 만났다.
혹시 낙타를 못 보셨습니까? 묻자 스님이 말했다.

그 낙타는 오른쪽 눈이 안 보이고 왼쪽 앞발은 절름발이고 앞니가 부러졌지요. 또 잔등의 한쪽에는 밀가루 다른 한쪽에는 꿀을 지고 있었지요.

카리반은 깜짝 놀라 그 스님이 낙타를 감춘 줄 알고 재판정으로 끌고 갔다. 스님은 장기간의 관찰에 의해 악에 익히 아는 재판관 앞에서 말했다.

길의 한쪽만 풀이 뜯어 먹힌 것을 보고 오른쪽 눈이 없는 것을 알았고 모래에 왼쪽 앞발의 발자국이 다른 것보다 희미하게 나 있으니 왼쪽 앞발이 절름발이고 뜯어먹은 풀잎이 가운데가 남아 있으니 앞니가 부러진 증거입니다. 또 길 한편으로 밀가루가 흩어져 있어 개미가 달라붙어 있고, 다른 한편에는 꿀이 흘러 있어 파리가 붙어 있으니 밀가루와 꿈을 싣고 가는 줄 알았습니다. 그 낙타 앞에는 사람 발자국이 없으니 그 낙타는 누가 훔친 것이 아니고 길을 잃어 헤매고 있으니 빨리 찾으시오.

인생길 죽음도 잘 관찰하면 깨달음을 얻을 수 있다.
오온이 개공임을

금화

　금성출판사 국어사전에 15만 개의 단어가 수록되어 있다.
　그중에 온갖 허물을 덮어주는 죽음보다 강하다는 사랑이 가장 아름답고 헌신적인 단어임을 1979년 대만에서 실지로 일어난 실화를 읽고 알게 되었다.

　사관학교 수영교사는 눈에 염증이 생겨 각막이식 수술을 받아야 했다.
　어둠을 안타깝게 바라보는 남편에게 아내가 돈이 들어있는 통장을 보이면서 모자라면 또 어떻게 마련하겠다고 했다.
　사랑이란 받는 것이 아니라 사랑하는 것이라는 글도 읽을 줄 모르는 눈을 뜬 장님이라는 아내는 저 같은 사람과 다르다며 당신은 시력을 잃은 눈을 되찾아야 한다고 남편에게 말했다.
　즉시 수술 희망자 명부에 이름을 올렸지만 한 달을 기다린 후 전화를 받았다. 교통사고로 죽은 운전수가 자기 몸의 부분을 팔아 가족의 살림에 보태라는 유언을 했다는 것이다.
　1만 달러를 준비한 행운아가 된 남편은 각막을 받기로 결심하고 입원을 하였다. 수술이 끝나자 딸이 곁으로 다가와 속삭였다. 수술이 순조롭게 되었다는 말과 엄마는 오고 싶지만 두려워 못 온다는 말을 전했다.
　남편은 괜찮다며 아무 염려하지 말라고 했다.
　남편은 19살 때 부모의 권유에 따라 아내와 결혼했다. 아버지와 장인은 친구 사이로 각각 아들과 딸을 낳게 되면 결혼을 시키자고 이미 약속한 것이었다.
　결혼 당일 날 남편은 아내를 보고 소스라치게 놀랐다. 얼굴은 온통 우박을 맞은 곰보인데다 주먹만 한 들창코가 추악하게 벌름거리고 눈썹은 조금뿐이고 퉁퉁 부어오른 두 눈에다 얼굴에는 보기 싫은 흉터가 자리 잡고 있었다.
　남편과 동갑인데도 40세는 족히 넘어 보였다. 기가 막힌 박색이라 밤새 잠을 이루지 못하고 울먹였다. 어머니는 운명이려니 체념하라며 남편을 타일렀다. 얼굴이 반반하면 틀림없이 얼굴값을 하게 마련이고 결국 불행을 불러들인다며 박색이 오히려 복이 있다고 말했다.

며칠 후 남편은 도망치듯 학교 기숙사로 가서 여름방학에도 집으로 갈 생각을 하지 않았다.

아버지의 부탁으로 사촌 형과 함께 집으로 돌아왔을 때 저녁상을 차리던 아내가 남편을 보고 사뭇 수줍게 미소를 지어 보였으나 남편은 질겁을 하면서 외면해 버렸다.

어머니는 저 애는 비록 박색이나 겪어보니 마음이 어질고 착하다며 남편의 행동이 심하다고 꾸짖었다.

너의 태도가 쌀쌀 맞아도 원망은커녕 눈살 찌푸린 적도 눈물을 보인 적도 없다. 한 세상 살다 가는 걸 남편 시중 잘 들고 순종하며 자식을 훌륭하게 키워 준다면 뭐 바라겠느냐 생으로 과부를 만들다니

그 후 남편과 아내는 한방에 들어 남편이 짜증을 내면 고개를 들어 배시시 웃고는 얼른 고개를 숙였다.

아내는 억척스럽게 일거리를 맡아 뼈가 부서지게 열심히 노력했다.

애들도 잘 자라 딸은 교원이 되었고 아들은 육사에 재학하고 있다.

수술 두 주일 후 붕대가 풀어져 전등 빛이 보였다.

1주일이 지나 남편이 퇴원하였다.

아내는 부엌에서 요리하면서 무슨 까닭인지 고개를 떨구고 있었다. 남편이 고생 많이 시켰다는 말에 훌쩍거리며 제 인생이 헛되지 않았다고 아내가 말하자 딸이 아내의 어깨를 잡아 흔들며 부르짖었다.

엄마 아버지에게 모두 털어놔요. 엄마가 아버지에게 눈을 뽑아 드렸다고 얼

른 보여드리란 말이에요. (눈물이 난다)

아내는 말했다.

얘야 너무 목소리가 높구나 엄마는 당연히 할 일을 했을 뿐이란다. 아내는 여전히 벽 쪽으로 돌아앉은 채 말했다.

남편은 벌떡 일어나 아내에게로 다가갔다. 그리고 아내의 어깨를 잡아 얼굴을 돌리게 했다. 아내의 왼쪽 눈 홍채는 수술 전 남편의 눈처럼 흐려 있었다.

아내의 몰골을 동료들에게 보이기 싫어 한 번도 관사에 살아 본 적이 없었던 남편은 처음으로 아내의 이름을 불렀다.

'금화 왜 이런 짓을 했소.'

남편은 아내의 어깨를 쥐어흔들며 소리쳤다. 아내는 울먹이며 떠듬떠듬 말했다.

'당신은... 당신은 소중한 제 남편인 걸요.'

아내는 그렇게 말하고 남편의 가슴에 얼굴을 묻었다. 남편은 아내를 으스러지게 껴안았다.

격정이 화닥화닥 불꽃을 튀기며 남편의 전신으로 퍼져 나갔다.

남편은 더 이상 몸을 지탱하지 못하고 마룻바닥이 무너져내리듯 털썩 주저앉고 말았다.

금화

호덕보다 호색을 앞세우는 것을 부끄러운 것이다.

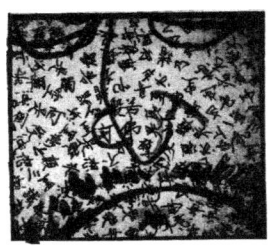

기쁜 나무

좋은 흙 깨끗한 물 밝은 햇살을 받아 하늘을 향하여 자라는 나무는 소년을 사랑했다.

소년의 둘도 없는 친구가 되어 숨바꼭질도 하고 그네를 주며 소년에게 무엇이든 해주고 싶고 해주는 것이 나무의 행복이었다. 날이 흐려도 찡그릴 줄 모르는 나무 아래서 시원한 바람과 초록빛 행복을 맞으며 훤칠하게 자라난 소년은 어른이 되어 나무 곁을 떠났다.

그러든 어느 날 나무를 찾아온 소년은 슬픈 표정으로 돈이 필요하다며 울먹거렸다.

나무는 시장에서 열매를 모두 팔아 돈을 마련해 주었다.

또 집이 필요하다는 소년을 위해 자신의 팔인 나뭇가지를 전부 잘라 소년의 집을 지어 주었다.

배가 필요할 때 나무의 몸뚱이를 잘라 배를 만들어 보라고 허락해 주었다. 진이 흘러내려도 아픔을 참고 견디었다. 생각이 깊은 나무는 생각 없는 쇠가 마구 잘라내도 소년만 떠올렸다.

하늘의 뜻이라 소년을 위해 살아남기를 포기한 나무는 베어낸 그루터기가 되어 천 년의 수명을 체념하였다.

세월이 흘러 소년이 할아버지가 되었다. 허리를 꼬부리고 하얀 머리털 아래 지팡이를 짚고 비슬비슬 걸어와 나무를 찾아왔다.

밑동만 남은 나무는 따뜻하고 부드럽게 웃으며 말했다. 여기서 앉아 쉬어가거라.

잘린 나무에 올라가면 안 된다는 불문율도 관계하지 않았다. 인생의 황혼녘에 쉼터가 되어준 아낌없이 주는 나무는 실버스타인이 쓴 글이다.

쓸쓸하고 슬픈 결말인 나무이지만 우리에게 주어진 분수에 만족하는 덕을 가르쳐 준다. 정신을 지탱해 주는 기쁜 나무다. 조건 없는 사람의 아름다움이다.

누군가 머리에 인 햇살마저 무거워 삶이 피곤할 때 그늘에 앉아 쉴 수 있는 희망과 신념을 잃지 않게 하는 건 어떤 사람에 의해 한 그루의 나무를 심었기 때문이다.

시멘트와 아스팔트의 척박한 세상에 도끼와 톱을 가진 몰지각한 인간들이 우글거린다.

그래도 이양하는 불교의 윤회설이 참말이라면 죽어서 나무가 되고 싶다고 했다. 무슨 나무가 될까 가리지 않는단다. 비가 찾아오고 해지도록 바람이 불어도 지친 몸 서서 말리며 꿈속으로 잠들어 가는 나무는 말이 없다나 뜻이 통하는 나무야 나무야 기쁜 나무야

폭풍이 지나가도 울지 않고 신발도 없이 햇살에 고개를 고개 숙이며 발잔등이 붓도록 서 있는 나무야

두 아기

순수에 부딪친 꽃씨라 이 세상에 온 손님인 아기의 머리맡에 햇빛이 앉아 논다는 김남조는 아기는 평화의 동산 지즐대는 기쁨의 시내라는 시를 썼다.

실제 일어난 두 아기의 오염되지 않은 이야기를 옮겨본다.

뇌사 상태에 빠진 엄마의 뱃속에서 석 달을 자란 아기가 0.82kg의 가냘픈 몸으로 세상에 나왔다. 다음날 아기를 위해 생명유지 장치로 생명을 유지해오던 엄마가 이승을 떠났다.

제왕절개 수술로 27주 만에 태어난 아기는 여느 아기들처럼 울음을 터뜨리고 발길질하는 건강한 상태였다. 뇌사 상태에서 생명을 키워낸 엄마는 생명유지 장치를 제거하는 순간 곧 세상을 떠났다.

사랑을 통째로 껴안은 기특한 엄마는 아기를 위해 석 달을 버틴 것이다.

죽음과 생명이 교차하는 기막힌 상황

엄마가 보여준 지상 최후의 헌신을 통해 세상에 나온 아기는 엄마의 얼굴을 한 번도 보지 못한 채 신생아실 인큐베이터에서 엄마를 저 세상으로 보냈다.

아침 이슬처럼 떠난 엄마는 뇌출혈 뇌사 판정을 받았던 미국 여성 26세 수전 토레스의 실화다.

태평양 수평선 저 멀리 우리를 울리려고 찾아온 봄바람이 그녀의 사랑의 숨결이 아닐까?

미국 필라델피아에 사는 댄 헤일리와 제나 헤일리라는 젊은 부부는 임신한 뒤 배 속의 아기가 선천적인 무뇌증을 앓고 있었다. 태어나자 불과 몇 시간 길어야 며칠 만에 숨질 수밖에 없는 운명이라는 청천벽력 같은 이야기를 부부는 병원 의사에게 들었다.

이 부부는 지우는 것을 고민하지 않고 아기를 낳기를 다짐했다.

배 속 아기를 위해 세 가족만의 추억여행으로 배 속 아기가 어디에서 누구를 만나면 즐거워할까? 생각하며 세인이란 이름까지 지어주며 실천에 나섰다. 동물원 야구장 아이스하키 박물관 오래된 기차역 등을 찾아다니며 배속 아기에게 조곤조곤 이야기를 해주고 기념사진을 찍었다.

부부는 곧 태어날 아기를 위해 침대와 옷가지들을 사고 아기방까지 꾸며 놓았다.

임박해 오는 죽음을 담담히 맞이하려고 다짐을 하다 마침내 새벽에 아들 셰인을 진통 끝에 출산하였다. 축복 속에 태어난 아기가 부모 품에 편안하게 안겨 세상 구경을 4시간만 하고 평화롭게 잠이 들었다.

부부는 아기를 보고 껴안을 수 있었던 일에 감사하며 자신들은 정말 축복받은 부모라고 했다. 시한부 아기에게 추억을 주었다며

  삶의 용기는 나와 너를 구할 수 있는 구원이다. (플라톤)

오래 살고 싶은 건 인지상정이지만 생사는 운명이다. 아인슈타인은 감동 없는 인생은 인생이 아니라고 말했다. 너를 위해 나를 내놓는 의미 있는 인생은 신이 준 정화수의 눈물을 흘리게 한다.

우연의 우연의 우연의 결과로 이 순간 이곳에서 죽음을 기다리며 제대로 살고 있는지, 사람들은 절대 죽지 않을 것처럼 살며 절대 살아보지 않았던 것처럼 죽는다. (달라이라마)

태어나기 전 몇십억 년 동안 죽어 있었는데 죽음을 무서워하고 괴로와 하는가(마크트웨인) 죽음을 거룩하게 빛내자.

똥꾼

똥이 가득한 똥통을 메고 밭으로 가던 똥꾼이 음식을 먹고 있는 부처님을 뵙고 싶었다.

그러나 몰골이 더럽고 초라해서 길모퉁이에 숨어서 보는데 부처님이 똥꾼이 있는 쪽으로 걸어왔다.

당황한 똥꾼은 멀리 피해 가려다가 넘어져 버리는 바람에 똥통이 벽에 부딪혀 깨졌다. 구역질이 나는 더러운 똥이 사방으로 튀어서 자신이 똥물을 뒤집어 쓴 것은 물론 부처님의 옷까지 똥으로 더럽히고 말았다.

똥꾼은 어쩔 줄 몰라 똥이 쏟아진 바닥에 주저앉아 울면서 사죄하자 부처님은 자비로운 눈으로 그를 바라보며 손을 내밀며 말했다.

"그대여 내 손을 잡고 일어나거라. 같이 강물로 가서 씻자."

그리고 똥꾼의 손을 잡아 일으켜 세웠다.

"저같이 천한 자 어찌 감히 부처님과 함께 가겠습니까?"

말하는 똥꾼에게 부처님이 말했다.

"염려하지 마라. 나의 법은 맑고 깨끗한 물과 같다. 모든 것을 받아들여 더러움을 씻어낸다. 빈부귀천이 나의 법안에서는 모두 하나가 되느니라. 진리는 선으로 향하는 하나의 방향으로 극락 가는 길이다.

마마호호(馬馬虎虎)

　어느 화가가 호랑이 몸에다 말머리를 그렸다.
　그 그림을 본 화가의 어린 두 아들에게 깊은 인상을 남겼다.
　몇 년 후 성장한 큰아들이 자기를 향하여 뛰어오는 말을 보고 호랑이인 줄 알고 화살을 쏘아 죽였다가 손해배상을 하였다.
　작은아들은 산길을 가다가 호랑이를 만났다. 말이라고 여겨 피하지 않고 다가섰다가 호랑이에게 물려 죽었다.
　그럴 수도 저럴 수도 있는 삶도 마찬가지다.
　세상만사 맘대로 되지 않는 것이니 마마호호란 그렇고 그런 세상 되는 대로 하라는 뜻이다.

마음

다니엘 호손은 큰바위 얼굴 외에 반점이라는 소설을 썼다.

과학자인 데일어는 건강하고 아름다운 아내의 얼굴에 난 진홍색 4cm 정도의 보기 싫은 반점을 없애는 약을 발명하여 복점이라고 생각하는 아내를 설득하여 용액을 마시게 하였다. 아내는 숨을 가만히 들이마시고 내쉼이 계속되자 반점이 뚜렷한 형체를 잃고 점점 사라졌지만, 아내는 죽고 말았다.

이 세상에 부족함이 없는 사람은 없다. 완벽함에 대한 충족은 한순간에 불과하며 단점이 때로는 호감과 매력을 가져다준다.

아무리 잘생긴 얼굴도 3개월만 보면 질리고 못생긴 추남도 자세히 보면 골계미가 나타난다.

세상을 떠나기 전 정처 없이 떠돌다가 좀 더 많은 사람을 사랑하고 싶다는 말을 남긴 톨스토이는 백작의 가문에 태어났지만 심한 외모 콤플렉스를 가지고 있었다. 인간 사회는 얼굴이 지배한다는 사르트르의 말에 불응하며 어금니를 물고 전쟁과 평화, 부활 등의 소설을 써서 자신의 단점을 이겨냈다.

미켈란젤로도 추남이었으나 열등감과 우울증을 이겨내고 인간의 힘으로 도저히 이룰 수 없는 천지창조와 최후의 심판이라는 성당의 천장화를 남겼다.

19세기 영국의 여류 소설가 메리 셸리의 소설에 괴물이지만 인간보다 선량한 마음을 가진 프랑켄슈타인이 나온다.

이웃에 대한 깨끗한 인격이 아름다운 사람을 만든다.

아주 험상궂게 생긴 얼굴을 가진 남자가 있었다. 취직이나 결혼도 얼굴로 인하여 불가능하였다.

남자는 얼굴을 고치려고 성형외과를 찾아갔다. 그를 본 의사는 무섭고 꺼림

칙하여 진료를 거부하였다. 사정사정하여 진찰을 받으면서 남자는 자신의 얼굴을 인자스럽게 만들어 달라며 의사에게 그리스도의 얼굴을 보여주었다. 그리고 수술 비용이 얼마냐고 물었다.

의사는 칼로 수술하는 방법과 마음으로 수술하는 방법을 설명하면서 칼로 하는 방법은 비용이 많이 들고 완전한 수술이 불가능하다고 알려주었다.

가난한 남자는 결국 마음으로 수술하는 방법을 선택하기로 하였다. 매일 성경을 읽고 기도하며 그리스도의 얼굴을 바라보았다. 점점 마음이 어질고 자애로워지고 얼굴은 푸근하고 서글서글하게 부드럽게 변해갔다.

10년이란 세월이 지나 인자스런 얼굴이 된 남자는 어디를 가더라도 목사님이 아니냐고 묻는 사람들이 많아졌다.

옛날 성형외과 의사가 그리스도를 닮은 사람이 있다는 소문을 듣고 병원을 선전하는 모델로 삼으려고 남자를 찾아가서 깜짝 놀랐다. 10년 전 사납고 흉한 얼굴이 너무나도 바뀌어 있었다.

얼굴은 마음에 따라 일 년에 열 번 변한다. 아름다운 마음이 아름다운 얼굴을 만든다. 마흔이 넘으면 자기 얼굴은 자기의 책임이다.

어리석은 것은 지혜롭게 어둡고 모난 것은 밝고 둥글게 부정적인 것을 긍정적으로 마음을 다듬어 가면 하루하루가 축제의 즐거움이라 세상 모든 것은 마음 하나로 만들어진다.

방대한 팔만대장경도 요약하면 마음 심. 한 글자란다.

리턴은 아름다운 얼굴이 추천장이라면 아름다운 마음은 신용장이라 했다.

배가 강을 건너가고 있는데 빈 배가 떠내려와 부딪힌다면 아무리 성격이 모질고 급한 사람이라 하여도 화를 내지 않는다.

그런데 만약 그때에 누군가 타고 있다면 저리 비키라고 소리칠 것이다. 처음에 소리 질렀을 때 듣지 못하고 두 번째 소리를 질러도 듣지 못한다면 세 번째는 틀림없이 험악한 소리가 뒤따르게 될 것이다.

전에는 화를 내지 않았는데 지금 화를 내는 것은 전에는 배가 비어 있었고 지금은 배 안에 누군가 있었기 때문이다.

사람은 자신의 마음을 비우고 세상에 산다면 그 누가 그를 해칠 수 있겠는가?

미국의 스티븐 코비의 체험이야기다.

어느 일요일 아침 뉴욕 지하철에서 한 중년 남자와 아이들이 탔다. 갑자기 조용하고 평화스러운 지하철이 시끄러워졌다. 아이들이 크게 소리치고 왔다 갔다 하며 물건을 팽개치고 심지어는 어떤 사람이 읽고 있는 신문을 움켜잡기까지 하는 게 아닌가, 아이들이 이렇게 소란을 피워 승객들을 짜증 나게 하는데도 아버지인 듯한 남자는 가만히 앉아 있었다.

마침내 화를 참을 수 없게 된 사람이 "아이들을 좀 조용히 하게 할 수 없겠습니까?"라고 항의했다.

그때야 이 남자는 힘없이 말했다. "사실 지금 막 병원에서 오는 길인데 한 시간 전에 저 아이들의 엄마가 죽었습니다."

이 말을 듣는 순간 주변 상황이 갑자기 달라졌다. 짜증이 사라지고 마음은 온통 동정과 측은함으로 가득 채워졌다. 모든 것이 순식간에 바뀐 것이다.

모든 원인은 자기의 마음이 만드는 것이다. 이 모두가 영혼을 자라게 하는 마음의 출렁거림이다.

마음에 따라 극락도 지옥도 된다.

만족

어느 나라에 불만족의 병으로 고통 속에 고생하는 왕이 있었다. 전국의 수많은 의사들의 처방에도 불치로 왕의 병에 조금도 차도가 보이지 않았다. 병이 올 때는 말을 타고 오고 갈 때에는 걸어간다는데 걸어 가지도 않아 마음까지 병이 들었다.

이 세상에 병의 수만큼 약이 있다는 말은 거짓이었다. 한시도 만족으로 편안함을 느끼지 못하고 눕게 된 왕은 한 번도 병에 걸려본 적이 없는 사람이 병에 걸리면 쉽게 죽는다는 말이 떠올라 잠을 이루지 못하였다.

그때 왕을 치료하겠다는 의사가 나타났다. 병을 고치는 방법은 항상 만족하게 생활하는 긍정적인 사람의 속옷을 밤낮으로 입는 일밖에 없다고 했다.

그 말을 들은 왕은 신하들에게 그 사람을 찾아서 그의 속옷을 가져오라고 명령하여 큰 상을 내리겠다고 했다. 여러 달 동안 전국 모든 영토를 샅샅이 뒤진 신하들이 돌아왔으나 그들은 빈손이었다.

다급한 왕은 아픈 목소리로 만족해하는 사람을 찾지 못했는가 묻자 신하 한 사람이 '찾긴 찾았습니다'고 답하자 왕은 '왜 그자의 속옷을 가지고 오지 않았는가?' 말하자 신하는 '그 사람은 가난해서 속옷을 입지 않고 살고 있습니다.'라고 아뢰었다.

아무것도 원하지 않는 만족은 어떤 것도 두려워하지 않는다.

망(忘)

　오토바이 사고로 인해 오른팔뿐인 서른 살 김나윤은 팔이 없어도 있는 그대로 쉽게 살아가며 슬퍼하지 않는다.
　그녀는 좌절감이 극심할 때 자신의 모습이 나타나는 거울을 보며 비너스상 포즈를 잡으며 말했다.
　"밀러의 비너스와 다른 점이 있다면 난 살아있고 활짝 웃을 줄 안다. 아 팔은 내가 하나 더 많아요."
　그리고 더 붙인다
　그냥 고독은 외롭지만 완전한 고독은 외롭지 않다는 것을 그녀는 아는 여자다.
　순수한 자유로 어둠이 망각에 특효란다. 망각을 모르는 병이 가장 무서운 병이다.
　잊으려고 안간힘을 쓰지만, 지팡이 없이 돌길에도 잘 걸어가는 좋은 기억도 놀랍지만, 망각하는 능력이 더욱 위대함을 알아야 한다. (허버드)
　행복은 흰색으로 표현되니까.

명화

어둠이 지나가는 새벽이 무너지게 집안에 강렬한 인분 냄새가 가득했다. 묘한 냄새로 인하여 아들에게 혐오감을 일으켜 잠을 깨운다.

저승 잠으로 밤새운 일흔을 훌쩍 넘긴 시아버지의 다 시든 항문에서 며느리가 마른 똥을 끄집어내고 있다. 극에 달하여 잊혀지질 않을 냄새를 무심결로 자기화시키는 모습이 남편인 아들에게 왜 이리 아름다울까?

눈물 고인 눈으로 명화를 감상한 아들은 아내를 육신보살 아니 여자 예수님이라 부르며 이 장면이 극락의 벽에 걸릴 명화란다.

무착

　무착 스님이 12년 동안 수도하였으나 만나고 싶은 미륵보살을 보지 못했다.
　굳건한 마음으로 눕지 않고 참선하여도 그의 눈에 나타나지 않고 개의 신음소리가 들렸다. 개의 사지에 구더기가 달라붙어 피를 빨아먹고 있었다.
　아귀와 축생의 놀음이 비참하고 불쌍했다. 무착 스님은 칼로 자기 엉덩이 살을 떼었다. 자비심을 내어 손으로 그냥 옮기면 구더기가 다칠까 봐 부드러운 혓바닥으로 구더기를 핥아서 개에게서 자기의 살점으로 옮겼다.
　나와 너라는 대립이 아닌 무애의 관계다.
　그때 하늘에서 요란한 천둥소리가 꽝 하더니 세상이 바뀌었다. 개와 구더기는 온데간데없고 그 자리에 황금빛 찬란한 연화 좌대 위에 미륵보살이 앉아 있었다.

　비로소 무착 스님은 미륵보살을 만날 수 있었다.

발자국

어떤 이가 하나님과 백사장을 거니는 꿈을 꾸었다. 모래 위에 지나온 길 따라 두 개의 발자국이 쭉 찍혀 있었다.

그런데 가끔씩 발자국이 한 개밖에 없는 것이 보였다. 그때가 그의 생애에서 가장 어렵고 힘들었던 순간들이었다.

하나님께 여쭈었다.

"하나님 제가 가장 괴로울 때 왜 저를 도와 함께 계시지 않았습니까?"

그러자 하나님은 이렇게 말했다.

"사랑하는 아들아 나는 결코 너를 떠난 적이 없다. 네가 고통 중에 있을 때 발자국이 하나밖에 없는 것은 내가 너를 업고 있었기 때문이다."

1922년 5월 8일에 태어나 2009년 2월 16일에 사망한 김수환 추기경의 얘기다.

보람

한 노인이 마을로 이사 온 부잣집을 방문하였다. 책을 읽던 부자는 노인을 맞으면서 두 개의 촛불 중 하나를 꺼버렸다.

노인은 많이 인색한 분이구나 생각하며 마을 아이들을 위해 세운 학당이 어려움에 처해 기부를 청한다고 조심스레 말을 꺼냈다.

그런데 부자는 귀 기울여 듣더니 선뜻 큰 금액을 내놓는 것이 아닌가?

노인은 깜짝 놀랐다.

"이토록 많은 금액을 기부할 줄 몰랐고 내가 들어오자 촛불 하나를 끄기에 일이 틀린 거로 생각했지요."

노인이 말하자 부자는 웃으며 말했다.

"글을 읽을 땐 촛불 두 개가 필요하지만 이야기하는 덴 한 개면 충분하니까요. 초 하나에 그토록 인색할 게 무어냐고 하실지 모르지만 이처럼 절약해서 살아왔기 때문에 제가 오늘 이런 금액을 기부할 수 있는 것입니다."

즘 악인일수록 오래 살고 잘 살기만 하는 세상에 인생이란 바다에 돈이란 배가 없으면 제대로 살아갈 수 없다. 근면과 절약으로 정직하게 버는 것도 중요하지만 보람되게 쓰는 일이 더 중요하다.

보시

보이지 않는 것을 볼 수 있는 지혜의 눈을 가진 눈이 먼 여자가 있었다.

삶의 한가운데가 아닌 가장자리에서 그녀는 늘 채우기보다 비우는 지혜로 살아가고 있었다. 뱃가죽이 늘어지다 못해 터지도록 먹어대는 허영과 사치 가득한 세상에서 살기 위해서 꾀를 부리고 욕심을 가지지 않았다.

흰 지팡이 가지고 안마를 하며 간신히 생계를 꾸며가며 번 돈으로 어두운 밤거리에 넘어지는 사람, 눈을 뜨고도 사물을 바로 보지 못하는 사람들을 위해 길거리에 가로등을 설치해 주었다. 아름다운 밝은 옷을 세상에 입히는 그녀는 외로운 꿈 밝혀주는 별빛 같은 가로등이다.

하늘은 마음을 비우라 하고 땅은 몸을 베풀라 한다.

이스라엘에는 두 개의 바다가 있다. 물이 맑고 고기가 많은 갈릴리 바다와 염분이 많아 사람을 둥둥 뜨게 하지만 새나 물고기가 없는 죽음의 바다 사해다.

갈릴리 바다는 요단강으로 이어져 흘러들어온 물을 요단강으로 보내기 때문에 깨끗하고 아름다워 생명들이 숨을 쉬며 살아가지만 사해는 요단강을 통해 좋은 물은 받지만 베풀 줄 몰라 더럽게 썩어 생명이 깃들지 못한다.

삶이란 그렇게 어려운 것이 아니다 베풀면 된다.

사랑

겨울이 머물러 있는 마을에 달과 별들도 부러워한다는 금실 좋은 노부부가 살고 있었다.

그런데 밭에 일하러 나간다는 할아버지 등 뒤엔 지게가 아닌 할머니가 업혀져 있었다.

"임자 밖에 나오니 춥지 않아?"

"영감 등이 따뜻하니까 춥지 않네요."

앞을 못 보는 할머니를 업고 다니는 할아버지가 말했다.

"임자 여기서 앉아 쉬고 있어 밭에 씨 좀 뿌려놓고 올테니"

할아버지는 씨앗 한 움큼을 던져놓고 할머니 한 번 쳐다보는 것도 모자라 초가삼간 집을 짓는 내 고향 정은 땅이라는 노래까지 구성지게 불러준다.

이런 모습에 이젠 할머니까지 손뼉을 치며 노래를 따라 부르고 있는데 날아가던 새까지 부러웠는지 장단을 맞추어 주고 있는 걸 보는 할아버지의 눈가는 촉촉이 젖어오고 있었다.

"나만 볼 수 있는 게 미안하다며....."

눈물짓고 있는 할아버지는 봄처럼 푸른 새싹을 여름 햇살에 키워 가을을 담은 곡식들로 행복을 줍던 날들을 뒤로한 채 찬 서리진 겨울 같은 아픔을 맞이하고 말았다.

고뿔이 심해 들린 읍내 병원에서 큰 병원으로 가보라는 소리에 할머니 몰래 진찰을 받고 나오는 할아버지의 얼굴엔 하얀 낮달이 앉아 있었다.

할아버지는 자신이 암에 걸렸다는 걸 할머니에게 알리지 않고 평소와 다를 바 없이 산과 들로 행복을 줍고 있었지만, 갈수록 할머니를 업거나 휠체어를 밀기에도 힘에 부쳐 가는 시간을 들키지 않으려 안간힘을 쓰고만 있었다.

앞마당 빨랫줄에 매달려 놀고 있던 햇님이 달님이 불러서인지 점점 멀어지고 있을 때

"임자 됐어 됐다구."
"읍에 갔다 오더니 뭔 말이래요?"
"그동안 고생했어."
할머니에게 망막 기증을 해 줄 사람이 나섰다며 봄을 만난 나비처럼 온 마당을 들쑤시고 다니고 있는 할아버지의 애씀이 있어서인지 시간이 지나 할머니는 수술대에 누워 있었다.
"임자 수술 잘될 거니까 걱정 말아."
"그래요. 이제 나란히 손잡고 같이 걸어갑시다."
이다음에 저승에서 만나면 꼭 그렇게 하자는 말을 차마 하지 못한 채 돌아서는 할아버지가 떠나면서 남기고 간 선물로 눈을 뜬 할머니는 펼쳐진 세상이 너무나 신기한 듯 바라보더니 이내 할아버지를 찾았다.
'임자 이제 그 눈으로 칠십 평생 못 본 세상 실컷 보고 천천히 오구려. 세상 구경 끝나고 나 있는 곳으로 올 땐 포근한 당신 등으로 날 업어 떨어져 있던 시간만큼 못다 한 이야기해 주구려. 비록 멀어졌지만 우린 함께 세상을 보고 있는 거야'라고 쓰인 편지를 읽고 난 할머니는 할아버지가 잠들어 있는 하늘을 향해 소리쳤다.

"당신의 등 뒤에서 세상을 바라볼 때가 더 행복했어요."
진실한 몸과 선한 마음이 우리를 울게 한다.
사랑이란 무엇일까?
이 세상에 태어나 오직 한 사람만 사랑한다는 말
사랑은 천국으로 가는 입장료다.

소

　소는 살아서는 땅을 갈아주고 우유나 치즈도 준다. 죽어서는 껍질 내장 살 뼈 뿔까지 안경의 재료로 사용된다. 인간을 위해 가진 것 모두 주고 사라지는 소는 본받아야 할 교훈을 주어 대부분 사람들은 개나 닭보다 좋아한다.

　인생의 강을 건너가려면 소처럼 교만을 버리고 겸손하게 느린 걸음으로 부지런히 걸어가야 한다.

　우생마사(牛生馬死)

　강물에 소와 말이 빠지면 말은 자기 재능을 믿고 물살을 거슬러 발버둥 치며 거들먹거리다 결국 죽어버리지만, 소는 그냥 물살을 등에 지고 떠내려가다가 조금씩 바깥으로 헤엄쳐 강기슭으로 엉금엉금 기어 나온다.

　잘 놀라지지도 않고 진흙탕이든 자갈길이든 어디든 느리게 여유롭게 잘 걸어간다. 말처럼 까불지도 않고 강한 자에게 꼬리를 흔들거리거나 굽실거릴 줄도 모르고 때론 수줍어할 줄도 안다.

　소몰이 아이의 손에 끌리어 순순히 걸어가는 덩치 큰 소의 모습을 이광수는 예수가 십자가를 지고 가는 것과 같다고 했다.

　나무 그늘에 등을 구부리고 누워서 한가히 어딘지 모르게 바라보는 소의 모습이 멋이 있어 그림을 그리고 싶게 한다.

　날로 사악해지는 인간들은 진화가 잘된 소를 본받아 스승으로 삼아야 한다.

손발

　이 세상에서 가장 위대하고 깨끗한 손은 기도하는 손이다. 기도하는 손 하면 파란 종이에 검은 잉크로 눈물을 닦아내며 기도하는 알프레히트 뒤러의 작품이 떠오른다. 뒤러의 1,250점 남긴 작품 중 대표작으로 독일 뉴른베스크 박물관에서 감상할 수 있다.

　뒤러는 미술공부를 하기 위해 찾아간 화실에서 자신의 꿈과 같은 한스 나이스타인을 만났다. 그러나 둘은 몹시 가난하여 삶이 돌덩이보다 무거워 힘들었다. 서로의 역할을 바꾸어 먼저 한스가 노동으로 번 돈을 뒤러의 학비에 보태고 뒤러가 성공을 하면 그때 한스 자신이 그림 공부를 다시 하겠다며 한스의 끈질긴 설득으로 뒤러는 동의하였다.

　뒤러는 한스의 도움으로 열심히 공부하여 미술학교를 수석으로 졸업하고 명성을 얻어 1508년 고향으로 돌아왔다. 그런데 채석장에서 힘든 노동으로 한스의 손은 휘고 굳어져 더 이상 그림을 그릴 수가 없었다.

　어느 날 밖에 나갔다가 돌아온 뒤러는 놀라운 광경을 보았다. 무릎을 꿇은 한스가 뒤러의 화실에서 마디지고 뒤틀린 손을 맞잡고 뒤러를 위해 기도를 하고 있었다. 감각이 사라진 손으로 온 힘을 다하여 기도하는 광경이었다.

　"하나님 저는 손이 굳어 더 이상 그림을 그릴 수가 없습니다. 하오나 내 친구 뒤러만은 화가로 성공하게 하소서."

　한스 자신은 모든 것을 포기한 채 굳은살이 박인 손으로 애절하게 기도하는 모습을 본 뒤러는 흐르는 눈물을 닦을 생각도 하지 않은 채 그 자리에서 연필을 꺼내어 혼신을 다해 친구 한스의 기도하는 휘어진 손을 스케치하였다.

　위대한 작품은 사랑과 믿음에서 나온다.

　기도하는 텅 빈 손에 감사의 마음이 표현된 '기도하는 손'은 독일 미술계에 가장 뛰어난 작품으로 탄생하였다.

온 세상이 다 떠나가도 사랑과 믿음으로 자신을 찾아오는 사람이 있으면 존재의 의미를 가진다.

기도는 괴로움을 가볍게 하고 환희를 순화시켜 혼을 즐겁게 하고 마음에 향기를 만들어 준다. 나를 위하여 너를 위하여 우리를 위하여 두 손을 모아 기도하자. 아침 한번. 저녁 후 한번.

발은 걸어 다니거나 달릴 수는 있지만 손처럼 만지거나 붙잡을 수 없고 물건을 만지지 못하여 재주가 둔한 것을 발바닥이라고 한다. 따라서 선스의 수는 손 수(手)를 사용하지 발 족(足)은 쓰지 않는다.

농경사회는 손재주가 있어야 하고 목축과 수렵에는 발의 순발력이 뛰어나야 한다.

경상도 현풍에 허씨라는 처녀가 임진왜란 때 겁탈하려는 왜놈을 피하려고 나무 한 그루를 껴안고 혼신을 다해 저항하였다.

심술이 난 왜놈이 그녀의 두 팔을 잘라놓고 가 버렸다. 동네 총각들이 상사병이 들도록 미인인 그녀는 절로 들어가서 달아오른 불같은 정염을 손 없는 맨발로 반야심경을 사경하고 만다라 불화 수를 놓고 붓을 입으로 물어 선시를 쓰고 선화를 그려 불심으로 승화시켜 득도의 경지에 이르렀다.

발 없는 눈사람도 추운 겨울을 견딘다. 보통사람과 다르게 버려진 육신을 쓸모 있게 가꾸어서 험한 인생길 절룩거리지 말자.

하체가 튼튼하면 상체는 무너지지 않는다.

슬픔

하늘은 인간에게 견딜 수 없는 슬픔을 주지 않으므로 견디면 오래 가지 않는다. 길들어지기 때문인가? 깊은 물처럼 소리 없는 슬픔은 높낮음 없는 하늘의 노을처럼 때때로 부드럽고 아름다운 마음을 지니게 하여 외로운 사람에게 귀중한 감정이다.

구약성서에도 마음을 바로잡는 것에는 웃는 것보다 슬퍼하는 것이 좋다는 말이 쓰여 있다.

이별, 회상, 체념. 정한 등 우리의 삶이란 덴마크 속담처럼 방안에 기쁨이 있을 때 슬픔은 대문에서 기다린단다.

작가 박완서는 아들을 사고로 잃었다. 왜 하필 나야! 왜 나한테만 그래. 흐느끼는 하루하루 무겁고 많은 슬픔의 질량을 견디지 못했다. 석 달 전 암으로 죽은 남편에다 아들까지 충격의 한도를 참을 수 없었다.

주님에게 왜 죽였는지 애걸해도 한 말씀이 들려오지 않았다. 그러나 절대자는 밥이 되어 찾아와 우선 먹고 견디며 다시 살아라고 했단다. 산 사람은 살아야 한다고 북받치는 슬픔을 간신히 울음으로 삶의 길을 터 주었다. 죽은 아들을 화장하여 한강에 뿌렸다. 그 뒤 7년이란 세월이 흘렀는데도 한강을 건널 때마다 강물을 바라보지 않았다.

어느 남자가 자식을 잃고 슬픔에 잠겨 있었다. 이것을 본 극작가 베르나르가 말했다. '너무 슬퍼하지 마시오. 세월이 지나노라면 잊게 될 터이니까 한 2.3주일 걸릴 겁니다.' 하였더니 남자는 '그렇게 오랫동안' 하고 또 울기 시작했다. 이 세상의 존재한 현상은 계속해서 움직이고 변하니까 몽테뉴의 수필에 나오는 얘기이다.

이집트 왕이 페르시아의 포로로 붙잡혔다. 왕의 소중한 딸(공주)이 맨발에 누더기를 걸친 채 물동이를 어깨에 짊어지고 힘겹게 걸어가는 모습에 이집트 사람들이 땅에 엎드려 소리 내 엉엉 울었다. 그렇지만 왕은 돌이 된 듯 꼼짝없이 서 있었다. 왕의 아들인 왕자가 처형장에 끌려가도 왕은 멍하니 그대로 있었는데 한참 후 왕은 포로 속에서 늙은 신하와 마주쳤다. 그를 보자마자 주먹으로 자신의 머리를 치며 하염없이 흐느꼈다.

슬퍼할 여유가 있어야 눈물이 난다. 딸이나 아들을 보고 울지 않았는데 신하를 보고 왜 크게 울었을까? 인간이란 감당할 수 없는 크나큰 슬픔일 때 입을 벌어지지만 어떠한 말이 나오지 않아 아무런 표현을 할 수 없다. 자식이 참혹하고 가혹함을 당하면 온몸에 차곡차곡 쌓여 있던 슬픔이 신하를 본 순간 한꺼번에 터져 나온다.

말할 수 있는 슬픔은 슬픔이 아니다. 큰 슬픔은 말이 없다. 아프고 괴로운 마음에 감정이 극에 달하면 '아'라는 감탄사 외엔 표현방법이 없다.

어느 왕이 전투에서 용감하게 싸우다 전사한 병사의 시체를 가져오게 하여 그가 누구인가 알아보려고 그의 갑옷과 투구를 벗겼다. 바로 하나밖에 없는 사랑하는 아들이었다. 모두가 이 광경을 보고 울부짖는데도 왕은 소리도 눈물도 없이 눈 하나 까딱 않고 아들의 죽음을 응시하다가 끝내는 슬픔의 힘이 왕의 정신을 굳혀서 그대로 몸을 빳빳하게 만들어버리고 땅에 쓰러져 죽었다.

겨울 칡넝쿨이 담을 넘어가듯이 슬픔을 이기고 넘어서기보다 슬픔을 덜 느끼기 보다 잘 견디는 방법이 없을까?

석탄으로 만든 아스피린이 이열치열로 감기의 열을 치료하듯 슬픔이 끝나게 이애치애(以哀治哀)는 어떤가?

아내가 죽였는데도 두 다리 뻗고 장구 치면서 노래를 부르는 장자의 경지를 겁 많고 줏대 없는 우리는 느껴지지 않는다.

식(識)

고려시대 전각국사의 [염송]에 나오는 얘기다.

어느 할머니가 20년 동안 참선하는 중의 밥을 지어주었다. 오늘처럼 비가 내려 모시 적삼을 적시는 어느 날, 젊은 처녀를 시켜 밥을 갖고 가도록 하면서 그 중을 안아 봐라고 했다. 부처가 육체 속에 살고 있다는 듯 젊은 처녀가 안으며 중에게 말했다.

"기분이 어떠세요?" 솜털 같은 따뜻함을 밀었다.

"좋은 마른 나무가 차가운 바윗돌에 기대는 기분입니다."라고 말했다.

식(識)의 어둠이 걷히지 않은 중이 한 이 말을 젊은 처녀가 돌아와 할머니에게 옮겼다. 할머니는 내가 20년 동안 이런 속인 놈을 먹여 살리다니 화를 내며 그 길로 중의 암자를 불 질러 버렸다. 불을 지른 이유는 차지하고 어떤 말을 하여야만 할머니에게 모자람이 없을까?

새벽이면 반야심경을 40년을 아무것도 모르며 사경한 자는 어떤 말을 해야 할머니가 만족할까 생각하였다.

'천국 한 번 가보실래요'도 아니고 '시집갈 때가 되었군' 이것도 아니다.

애욕을 부정하든 긍정하든 애욕에서 벗어나는 대자유가 무엇일까? '비어 있는 줄 알았더니 없는 것이 아니군' 이런 말을 해 볼까?

어둠 속에서 개가 짖는다.

신발

　찢어지게 가난하여 신발이 없어 눈과 얼음길을 맨발로 걸었던 소녀에게 꽃잎 같은 신발이 생겼다. 너무 좋아 신발을 배게 밑에 넣어 사치품처럼 귀중히 여기며 상냥한 정까지 느꼈다. 구름에 달 가듯이 체중을 감당하며 편한 걸음걸이로 걸어가는 모습을 그렸다.

　세월이 흘러 막상 신발을 신으려니까 이미 소녀의 발이 너무 커 버려서 신을 수가 없었다. 장난감이 돼버린 신발을 보며 소녀는 그만 엉엉 울어버렸다.

　짧은 인생에 기회는 말처럼 달아나기 쉽단다. 태양이 비치고 있는 동안에 건초를 만들어야 하고 바람에 맞춰서 돛대를 올린단다. 쇠는 뜨거울 때 두드려라는 속담도 있듯 단풍도 좋은 가을일 때 놓치지 않고 떨어진단다.

　소녀야!

　오래도록 넉넉하게 신도록 신발은 늘 헐렁하지 않단다. 무지개처럼 수평선처럼 가까이 가면 사라져 버리는 삶이란 원래 그런 거란다.

　아끼고 소중히 여겨도 지나치면 모질고 더러운 인색이라 달아나기 쉬운 때를 놓치지 말자.

오해

얼굴이 별로이지만 예술적으로 눈화장만 잘하면 뭇 남성의 시선과 관심을 끌 수 있는 미인이 된다. 짧은 시간이지만 오해의 미덕이다. 인간관계에서 뜻밖에 유용한 작용으로 때론 역사를 만들어 낸다.

명동성당에서 허무를 바탕으로 생의 근원을 소설로 쓴 김동리와 불교적 달관의 시를 편력한 서정주가 만났다. 김동리가 '꼬집히니 벙어리가 운다'고 서정주에게 말하자 '꽃이 피니 벙어리가 운다'라고 듣고선 얼마나 꽃이 아름답게 피었기에 말 못 하는 벙어리가 울까 서정주는 감동했다.

미국 뉴욕에서 일어난 일이다. 엘리베이터 안에서 흑인 강도가 한국에서 온 할머니 가슴에다 권총을 들이댔다. 놀란 할머니는 벌벌 떨면서 두 손을 들고 고개로 아래를 가리키며 돈이 아랫배 주머니에 있다고 끄덕였다. 그 사실을 모르는 강도는 자기와 섹스하자는 몸짓으로 오해하고 할머니를 발로 찼다.

퇴근 시간 첫 발령을 받은 신임 여교사와 승용차를 같이 타고 가던 경상도 교장이 말을 걸었다.
"마징가(맏이인가?)"
당황한 신임 여교사는 쑥스럽게 말했다.
"제트....."

우리나라 사람이 침대를 팔려고 프랑스로 가서 미인을 만났다. 불어를 몰라 그림을 그려 의사를 소통하였다. 택시를 그려 택시를 같이 탔고 식당을 그려 밥을 같이 먹었고 춤추는 모습을 그려 춤도 같이 추었다. 침대를 팔려고 마지막으로 침대를 그렸는데 미인은 잠자리를 같이하자는 줄 알고 남자의 뺨을 때렸다.

 구걸하는 인도 아이들에게 여행객이 돈을 주었는데도 고맙다는 인사를 안 한다고 오해하면 안 된다. 그 아이들이 보시할 기회를 제공하였기에 고맙다는 인사는 여행객이 해야 한다는 것이다. 하기사 아무리 주고 싶어도 받지 않으면 그만이다.

 오해는 이해를 3번 하면 해결된다. 이해 곱하기 3을 하면 육해다. 일해가 남지 않는가?
 오해는 이해로 해결된다.

욕심

핀란드 격언이다.

'거지에게 사우나를 시키니까 때수건을 달라하고, 때수건을 주니까 땀 빼는 방에 들어가겠다고 한다. 땀 빼는 방에 들어가게 하면 때를 밀어 달라고 할 것이다.'

욕심은 양심을 질식시키는 고통을 부르는 나팔이다. 식욕, 색욕, 수면욕, 명예욕, 권력욕, 물질욕, 생욕 등 인간의 여러 가지 욕심은 강렬한 본능으로 생활을 촉진시키는 원동력이라 삶을 돌아가게 하는 중요한 부분이라 하여도 과언이 아니다.

그러나 이솝의 '욕심 많은 개'리는 글을 읽어보자.

욕심 많은 개가 고기 한 덩어리를 얻었다. 힘센 개가 빼앗을까 봐 집에 가서 먹으려고 빨리 다리를 건너다가 멈칫 섰다. 다리 아래 개 한 마리가 커다란 고기를 물고 자기를 올려다보고 있었다. 고기를 빼앗고 싶은 욕심이 생겨 눈을 부를 뜨고 아래를 보고 사납게 짖었다. 그러자 물에서 풍덩 소리가 나고 자기가 물고 있던 고기가 물에 떨어진 것을 깨달았다. 기가 막혀 화가 나서 더 소리쳤다. 자기를 노려보는 개가 자기의 그림자임을 안 후에 욕심 많은 개는 울면서 다리를 건넸다.

제국 사람의 딸에게 혼담이 들어왔다. 동쪽 남자는 부자지만 얼굴이 못생겼고 서쪽 남자는 얼굴은 잘생겼지만, 형세가 가난했다. 부모가 딸더러 말하기를 동쪽 남자를 선택하면 왼손을 들고 서쪽 남자를 선택하면 오른손을 들라고 했다. 이 말은 들은 딸은 두 손을 다 들었다. 이것을 본 부모는 이상히 여겨 물었더니 밥은 동쪽에 가 먹고 잠은 서쪽에 와 자면 되지 않아요? 하였다. 여기서

동가식서가숙(東家食西家宿)이란 말이 나왔다.

불이 났다.
어머니가 부처님께 기도했다. '아들만 살려 주시면 저는 죽어도 좋습니다.' 아들이 무사했다. 불이 어머니에게 번졌다. 어머니가 하느님께 매달렸다. '나를 살려주세요. 아들이 고아가 되면 어떡해요?' 어머니가 무사했다.
또 어머니가 부처님 하느님께 졸랐다. '아들과 난 가진 것이 없어요.'
부처님이 말했다. '난 모르겠다.'
하느님도 말했다. '네 마음대로 해라.'

어느 스님이 산길을 가다가 사람 살려달라는 비명소리를 들었다. 절벽의 소나무 가지를 잡고 발버둥 치는 장님을 발견했다. 사실은 평평한 땅이 1m 발아래인데도 장님은 천 길 낭떠러지라 생각하고 땀을 흘리며 딱한 처리를 해결해 달라고 하소연하였다. 스님을 손만 놓으면 된다. 괜찮다고 제아무리 말해도 결코 그럴 리가 없다는 듯 눈물까지 흘리며 사정을 하였다. 장님은 스님의 말을 왜 믿지 못할까?
방하착. 아래로 내려놓아라.

삶을 사랑하고 죽음을 싫어하면 불안과 괴로움이 사라지지 않는다. 욕심이나 집착은 무의미하다. 생사가 분명하게 있지만, 생사에 끌려다니지 않아야 욕심의 집착에서 풀려난 자유인이 된다.
쉼을 주는 죽음이 생각하는 만큼 나쁜 것이 아닌 단지 변화의 일부로 새로움으로 가는 것이라. 이를 깨닫고 수용하면 두려움이 사라진다.
동그라미의 한 점 어디를 붙잡아도 처음이고 끝이듯 무시무종이라는 반야심경의 불생불멸이다.

그러나 온갖 집착과 욕심으로 가득 차 있는 사람은 이 진리를 볼 수 없다.

용서(容恕)

불교에서는 용서라는 말 자체가 없다.
제자 자공이 '평생토록 실천할 덕목이 무엇입니까?' 공자에게 묻자 그것은 '서(恕)'라고 답했다.
같을 여(如) 아래 마음 심(心)을 합하면 용서할 서(恕)가 된다.

자기를 해치는 자를 미워하지 않는 것은 힘든 일이다. 용서는 이해 부족으로 생기는 복수의 상대어임을 아는 나는 남을 될 수 있는 대로 용서하고, 자기 자신은 결코 용서하지 말라지만 상대방이 칼을 들면 칼로 보이고 꽃을 들면 꽃으로 보며 거울처럼 살고 있다. 칼을 꽃으로 바꾸지 못하는 것은 고사하고 부처의 제자 가섭처럼 웃음을 보태는 일은 꿈도 꿀 수 없다.
어느 날에 미워한다는 괴로움에서 벗어날 수 있을까? 이것은 나의 한계가 아닌가?

두 살 때 아버지를 잃은 효녀 딸을 망치로 수십 차례 난타하여 돈을 빼앗고 죽인 범인이 잡혔다. 범인과 그의 가족은 죽을 때까지 반성하게 해 달라며 감형을 청원하였다.
그러나 피해자의 어머니는 용서가 자신의 건강과 행복에 좋다는 증거를 찾지 못한 채 법은 왜 가해자를 보호하느냐 피해자의 눈높이로 판결해 달라며 사형을 집행하라는 서명운동을 펼쳤다. 원한을 원한으로써 갚으려는 것이다.
범인은 일본 아베 정권의 7번째 교수형으로 집행되었다. 귀신도 손이 발이 되도록 빌면 들어준다지만 악에 의한 선을 삶은 분노와 증오를 삭이기가 쉽지 않은 모양이다.
미워한다는 괴로움에서 벗어난다는 것이 인간에게는 정말 어려운 것이다. 하물며 원수를 부모와 같이 섬기라며 욕은 욕으로, 돌로 치면 돌로 치는 보복보다 낫다는 용서를 빌면 받아주어야 하는 데 목숨을 바쳐서도 복수하겠다며 용서하지 못하고 화가 복수로 남아 있으면 몸도 불편하고 마음은 고통을 느낀다.

한국 유학생 오씨가 필라델피아 불량배에게 살해당했다.
한국에 거주하는 오씨의 아버지가 필라델피아 시장에게 편지를 보냈다. 단 한 번의 용서를 받아본 적이 없는 살인자의 황폐한 영혼이 안타깝다며 관대한 처분으로 새 삶을 이어가기 바란다. 그리고 사회적응에 사용하라며 5백달라까지 부쳤다.
깨어있는 마음으로 악을 선으로 갚은 것이다. 슬기로운 사람은 남의 허물을 덮어주며 좀처럼 화를 내지 않는다.

원수를 사랑하는 성자가 아닐지라도 용서를 하면 깨달음을 얻는다. 과오는 인간의 것이고 용서는 하느님의 것(A. 포포)으로 종교의 가치를 지키는 것이다. 정의는 한 개의 화살을 가졌지만, 용서는 사랑이라는 화살을 한 개 더 가지고 있어 화살이 두 개다.
토마스 하디의 소설 테스에 주인공은 이기적인 남편의 과거를 용서하지만, 남편은 마음이 순수하고 깨끗한 아내인 주인공을 용서하지 않는다. 변강쇠와 옹녀가 수절하지 못하듯….
남을 용서하지 않는 자는 남에게 용서를 받을 수 없다. 증오나 복수는 평생 매일같이 하지만 용서는 한 번만 하면 된다. 사실 용서란 잘못했다는 것을 분별하는 마음에서 생긴다.

동백림 간첩 사건으로 천상병은 전기고문을 너무 심하게 받아서 정자가 다 죽어 아이를 낳지 못하였다. 하지만 천상병은 져 주는 것이 결과적으로 이기는 것이라며 고얀 놈들 그래도 내가 다 용서한다고 웃었다.

마음에 분노가 계속되어도 끝없이 용서하고 자비를 베푸는 일이 결코 쉬운 일이 아닌데 그의 마음은 용서마저 용서함으로 증오를 감싸 안은 순결 자체였다. 가난하게 살다가 구름 헤치고 멀고 먼 하늘에 준비된 천국으로 갔다. 원수에게 가장 큰 선물이 용서라는 천상병의 삶. 이 세상 소풍 끝나는 날 정말 아름다웠을까?

불교에서는 용서라는 말 자체가 없다. 누구나 불성이 같아서다. 현재의 순간에 완전히 몰입하여 분노한 감정을 비켜간다.

기독교는 우리가 우리에게 죄지은 자를 사하여 준 것같이 우리의 죄를 사하여 주시옵고라며 주문으로 용서하기를 배운다.

스페인 속담에 신은 항상 용서하고 인간은 때때로 용서하고 자연은 절대 용서하지 않는단다.

눈에는 눈 이에는 이라는 함무라비법전이나 몇천 년이 지나도 당한 것을 잊지 않고 되갚는 유대인 닮은 나는 잠언 19장에 남의 허물을 덮어주면 영광이 돌아온다는데 나 자신만 내가 용서하고 있을까? 너와 나를 이어주는 아름다운 단어 용서는 끊어진 것을 이어주고 엉킨 것을 풀어주는 고귀한 승리인데 잘한 자가 잘못한 자를 무시하는 말이기도 하다. 착한 미움보다 어리석은 용서가 품어내는 향기를 깨닫자 그리고 용서하는 것도 좋지만 잊어버리는 것이 더 좋다 비움을 비우는 것도 채움이고 무욕(無慾)도 욕일지라도 나를 해치려는 자에게 당신은 부처라고 말하는 것이다.

어떤 스님이 길을 가다가 연못에 된 고운 연꽃을 보고 너무 좋아서 한 송이를 꺾었다. 갑자기 연꽃 신이 나타나 고통을 지르며 꾸짖었다. 당황한 스님이 무릎을 꿇어 용서를 빌고 있을 때, 한 사람이 나타나 연못에 핀 연꽃 수백 송이를 모두 꺾었다. 그런데도 연꽃 신은 아무 말이 없었다. 스님은 참다못해 연꽃 신에게 왜 가만히 두고 보느냐고 대들었다. 연꽃 신이 이렇게 말했다

"그 사람은 마음이 검어 나쁜 짓을 해도 흔적이 나타나지 않는다. 하지만 스님의 마을 마음이 흰색이라 조금만 잘못해도 흔적이 나타난다."

마음이 검은 사람은 잘못한 것이 아무리 많아도 흔적이 보이지 않아 고쳐지지 않는다. 자기가 죄를 짓는 것을 아는 사람이 모르는 사람보다 낫다. 왜냐하면, 고칠 수 있기 때문이다.

본능적으로 모르는 것조차 알지 못하고 저지른 것으로 잡초처럼 어설피 살아가니 남에게 도움이 되거나 이익을 주는 일을 기대한다는 것은 사리에 맞지 않고 용서까지 바라는 것은 불가능하다.

우비고뇌(憂悲苦惱)

 소(牛)가 외나무(-)다리를 건너가는 생(生)의 어려운 고통을 견디면 가장 힘들 때 꽃을 피우는 난초처럼 좋은 업이 만들어져 늙고 병들고 죽는 우비고뇌(憂悲苦惱)의 윤회를 벗어나지 않아도 내생에 좋은 몸으로 태어남을 기약할 것이다.

 시들어 다 말라버린 삶. 모세 혈관이 막혀 손발이 썩어서 잘라내는 버거씨병으로 상한 부분을 11번이나 잘라내어 두 발과 한 손이 없는 사람과 어느 달동네 목사와의 대화다.
 목 사: 어찌 그렇게 여유가 있고 평안하신가요?
  세상이나 부모나 하나님이나 누굴 원망하는 마음이 안 드셨어요?
 장애자: 아니 뭐 이미 벌어진 일인데 원망해서 뭐 해요.
  원망해봐야 나만 망가지는 거지....
 목 사: 그런 마음이 저절로 들었어요?
 장애자: 그러게 말이에요. 저도 모르겠어요. 그게 이해가 안 가요.
  저도 나만 어렵겠냐? 세상살이 다 어려운 것인데
  병원에 있을 적에도 의사 선생님이 깜짝 놀라시더라고요.
  팔다리 자르고서 되레 더 평온해 하니까
  병원에 있을 적에 제가 아주 애먹었다니까요.
  나 때문에 다른 환자들이 의사한테 욕먹고 그랬어요.
  아니 저 사람은 양다리에다가 팔까지 저런데 당신들은 다리 한쪽 잘라냈다고 죽는시늉하고 창문으로 뛰어내리겠다 하니......
  제가 거기 있기가 아주 미안하더라고요.
 목 사: 하하하 팔다리가 없다고 꼭 불행한 일이 어디 있나요.
  마음과 믿음에 달린 것이지.

예수님이 죽으러 가시면서 제자에게 내가 너희에게 평안을 준다고 하셨고
　　우는 여인에게 나를 위해 울지 말고 너희를 위해 울어라. 하였습니다.
　　병원에서 얼마나 계셨는데요?
장애자: 이거 뭐 절단하면 끝인데 뭘 그래 오래 있어요. 하하하
목　사: 절단하면 굉장히 아프지 않으세요?
장애자: 원래 다리가 있는 것처럼 거기에 통증이 무지하게 와요.
　　근데 그건요 어느 절단 환자건 똑 같아요.
목　사: 누구나 다 아픈 거라고 생각하는 게 천사같은 마음이고
　　정말 놀랍네요. 참 존경합니다.
장애자: 11번 죽을 것같은 고통을 겪고 나니
　　어느 순간 급하고 못된 성질이 없어져 있더라고요.
목　사: 고난이 은혜네요.
　　하나님의 특별한 사랑을 받으셨네요.

인욕

　어느 사람이 반야봉 정상에 올라 땀이 난 삭발한 머리를 닦으며 앉아 있었다. 쉰 넘긴 남자가 가까이 다가와 물었다.
　"어느 절에 있는 중이요?"
　"내불사(마음 속에 지어놓은 절)에 있습니다."
　"그곳은 어디요?"
　"내 마음에 있습니다."
　"무엇 하러 이곳에 왔소?"
　"반야심경을 정상석 아래 심으려고 합니다."
　"왜 묻으러 하시오."
　"참 나를 찾으려고요."
　교미의 즐거움도 모르는 병신이라는 야릇한 웃음을 보이며 하산길 이정표 쪽으로 걸어가다 뒤돌아보며 말을 던졌다.
　"개새끼 지옥에나 가거라."
　모욕을 견디지 못해 여느 사람도 산이 놀라도록 그 남자를 향해 소리쳤다.
　"너도 지옥에 가거라."
　이 말이 끝나자마자 그 남자는 한마디 했다.
　"아직 멀었군."
　그리고 어디론가 사라져 보이지 않았다.
　상대방이 침을 뱉으면 닦지 말고 마를 때까지 참고 견디는 인욕에서 지혜가 만들어지는 것으로 열반에 들어가는 문의 열쇠다.

전생이야기

경상도 돼지와 경기도 호랑이가 만나 말과 양이 태어났다.

세월이 흘러 진국인 말은 춤추는 돼지를 맞이하여 깜찍한 토끼가 태어났고, 알뜰한 양은 어진 토끼와 결혼하여 정겨운 닭과 온화한 돼지가 세상에 나왔다.

추석날 아름다운 인연 육축이 모였다.

다양한 목소리 꿀꿀 어흥 히잉 매매 꼬끼오 둥글게 앉아 정을 주고받으며 식사를 했다. 주렁주렁 열리는 삶의 보람을 격려하고 서로의 즐거움을 살피고 운명에 만족하며 보름달을 기다린다.

달아 달아 밝은 달아... 3333년에 쓸 전생이야기다.

죄

밀린다왕이 나가세나 스님에게 물었다.

"악한 행동으로 평생 죄를 많이 지은 사람이 임종에 이르러 부처님을 생각하고 부르면 그 사람은 천상에 태어날 수 있다고 당신은 말했는데 나는 그 말을 믿지 않습니다. 또 당신은 한 번 살생했더라도 지옥에 떨어질 것이라고 말했는데 이 말도 믿지 않습니다."

나가세나 스님이 답했다.

"왕이시며 작은 돌이라도 배가 없이 물 위에 뜰 수 있을까요?"

밀린다왕이 "그렇지는 않습니다." 답하자

나가세나 스님이 말했다.

"왕이시여 백 대의 수레에 실을 만큼 많은 돌이라도 배에 싣는다면 물 위에 뜨겠습니까?"

밀린다왕은 "그러습니다. 물 위에 뜹니다."고 답했다.

"왕이시여 선업은 마치 배와 같다고 보아야 할 것입니다. 자력의 종교 불교는 인간의 영혼을 구제하는 배입니다."

"사람이 죽으면 다시 태어나는가?"

밀린다왕의 질문에 나가세나 스님은

"죄 지은 자는 태어나고 죄가 없는 자는 태어나지 않는다."고 했다.

또 밀린다왕은 물었다.

"사람들은 욕심에 의해 자기가 가지지 못하면 화를 냅니다. 그로 인하여 죄를 짓는 어리석음이 됩니다. 죄를 알면서 짓는 것과 모르고 짓는 것 중 어느 것이 큰 것입니까?"

"모르고 저지른 죄가 더 큽니다. 모르고 한 것은 그냥 덮어 두자며 합리화시키는 것이 보통사람의 생각이지만 그렇지 않습니다. 가령 그믐밤 길을 간다면 늘 지나다니는 사람은 등불 없이 갈 수 있지만, 처음 지나가는 사람은 헤매다 넘어지고 사고를 일으킵니다. 또 쇠불덩이가 뜨거운 줄 아는 사람은 손으로 잡지 않지만, 모르는 사람은 쇠불덩이를 잡아 화상을 입습니다. 미리 알고 저지르면 고칠 수 있지만, 모르면 죗값을 크게 받습니다. 거짓말이나 훔치는 것이 나쁘다는 사실을 아는 것이 중요합니다. 반성하고 사과할 수 있습니다."

잘 알았다는 밀린다왕은

"죄를 지었는지 아닌지 어떻게 알 수 있느냐?"고 묻자 나가세나 스님은

"임종 시 이승에 미련이 남아 있는 자가 죄인이라."고 답했다.

말리다왕은

"깨달음에 이르면 괴로움에서 벗어날 수 있는지?" 질문했다

가세나 스님은

"마음의 갈등인 어리석음과 번뇌를 벗어나는 지혜로 자유로이 해탈할 수 있다. 따라서 깨달음의 경지에 이르면 누구나 부처가 될 수 있다."고 답했다.

업이 다를 뿐 이 세상에 부처가 아닌 것이 없다.

초상화

　옛날에 전쟁에서 한쪽 눈을 잃은 애꾸왕이 있었다. 자신의 초상화를 그리게 하려고 궁중으로 화가를 불렀다. 정면으로 초상화를 그리는 화가는 인간의 정신이 가장 잘 드러나는 눈동자를 사실적으로 표현하면 왕이 기뻐할 줄 알고 자비와 슬기에 빛나게 양쪽 눈을 다 그렸다. 그 그림을 본 왕은 화를 내며 정직하지 못하다고 화가를 죽였다.
　또 다른 화가는 이 사실을 알고 있는 그대로 근엄한 한쪽 눈만 정면으로 바로 바라보게 그렸다. 애꾸눈이 그려진 자신의 초상화를 본 왕은 화를 내며 남의 약점을 그냥 드러났다며 두 번째 화가도 죽였다.
　세 번째 화가는 앞모습 못지않게 옆모습도 인물의 특징을 정확하게 보여주기에 옆얼굴의 굴곡과 명암을 또렷하게 하여 왕의 개성 있는 외모를 생생하게 표현했다. 왕의 옆모습 초상화는 거짓이 아닌 진실과 단점을 가려주는 지혜로운 그림이 되었다.
　진퇴유곡 진퇴양난 깨달음이 필요하다.

　옛날 어떤 서당에서 훈장이 자기를 방 밖으로 나가게 하면 상을 준다고 말했다. 아이들이 별의별 꾀를 다 냈지만, 훈장은 꼼짝하지 않았다. 그런데 한 아이가 선생님을 방 밖으로 나가게 하는 재주는 없지만, 방 밖에 계시면 들어오기는 할 수 있다고 말했다. 그래서 훈장은 방 밖으로 나갔다.

허씨 부인

　대승불교 시대 석가모니 부처가 구제자로 변형된 관세음보살은 인간의 고뇌하는 소리를 통찰하신다. 오직 지극한 한마음으로 간절히 부르면 어느 때 어떤 경우라도 나타나시어 고뇌를 제거해주시는 절대 자비의 신(神)이다.

　실제로 있는 사실의 이야기다
　삼성 이건희 회장의 장인이며 부인 홍라희 씨의 아버지 홍진기는 1940년에 경성제국대 법학과를 나온 법조인으로 1958년 법무부 장관을 취임하였고 419의거 때 구속돼 사형선고를 받았다.
　1961년 12월 홍진기의 어머니 허씨 부인은 며느리(홍라희 어머니)를 불렀다.
　"아가야 미안하나 모든 게 내 책임이다. 이 집안의 며느리로 들어와 남편이 사형선고를 받았으니 얼마나 가슴이 아프겠느냐? 나 또한 아들이 죽을 목숨이 되었으니 더 이상 살이 있는 목숨이 아니다. 냉수 한 그릇을 떠 오너라."
　며느리가 물을 떠오자 허씨 부인은 쪽진 머리를 푼 다음 가위를 꺼내 머리카락을 잘랐다.
　"이 머리카락을 네가 간수해라. 그리고 앞으로 7일 동안 나를 찾지 말아라. 나는 이방에서 나가지 않을 것이다. 만일 죽을지라도 7일이 지난 다음에 이 방문을 열어라. 7일이 지나 내가 살아있을 때는 문제가 해결될 것이다."
　그리고 단정히 앉아 관세음보살을 부르기 시작했다. 하루 이틀 사흘 나흘 닷새 엿새 7일 날 정오 라디오에서 홍진기가 사형을 면했다는 특별뉴스가 흘러나오자 반가움을 주체할 수 없었던 며느리가 허씨의 방문을 열며 소리쳤다.
　"어머님 아범이 살아났습니다. 사형을 면했습니다."
　"아 그래 이제 다시 내 아들이 되었구나."
　그런데 허씨 부인 앞에 놓여있던 물은 처음 그대로였다. 물 한 모금 마시지 않고 7일 동안 관세음보살을 염하였던 것이다. 오로지 아들을 구하겠다는 일념의 정성과 기였다.

관세음보살의 자비의 빛으로 고뇌의 먹구름 사형을 면한 홍진기는 1964년 중앙라디오 방송 사장 중앙일보 사장 동양방송 사장을 지냈고 80년 중앙일보 회장이 되어 1986년 죽는 날까지 재직하였다.

입으로 마음으로 관세음보살을 간절히 부르고 하루도 빠짐없이 지극정성의 기도에 오직 한 생각이면 대자비력을 가진 관세음보살께서도 감동하시여 구제하신 것이다.

기도는 강력하고 위대한 힘을 발휘한다. 깨끗하고 순결한 기도는 우주 한 바퀴 돌 수 있는 에너지를 발현한다.

환경

　인간은 자연적 사회적인 환경으로 인하여 만들어지는 한편, 삶의 주체로서 인생에 중대한 영향을 미치는 환경을 만들기도 한다. 정글의 법칙 적자생존이라 생존은 환경에 대한 적응과 비례된다.
　화분에 심어 놓으면 못된 풀도 화초가 된다는 속담은 무엇이든 환경에 따라 귀(貴) 해지고 천해진다는 말로 못난 사람도 좋은 자리에 있으면 잘난 듯이 보인다는 것이다.
　환경은 입장을 바꾼다. 자기의 환경에 따라 세상을 다르게 보는 것이다. 둥근 어항에 사는 물고기는 세상이 둥글다 하고, 네모 난 수조에 사는 물고기는 세상을 네모라 하고, 강에 사는 물고가는 세상이 길다 하고, 바다의 물고기는 세상이 깊고도 넓다고 한다.
　풍년에는 사람들이 대체로 선량하고 흉년에는 대체로 궁핍으로 포악하다.
　한대지방 공기는 인체와 심성을 단단하게 만들어 인간을 용감하게 하고 열대지방은 인간을 약하고 부드럽게 하여 겁쟁이가 많다.
　바람이 많이 부는 몽고 사람의 얼굴은 둥글고 비가 많은 일본은 사람의 얼굴이 길쭉하다.
　산이 많은 경상도 사람은 목소리가 웅장하며 철학과 정치가 성행하고 손을 많이 사용하여 폭행사고가 자주 일어난다. 들이 많은 전라도 사람은 목소리가 애잔하고 가늘며 문학과 예술에 조애가 깊고 발을 많이 사용하여 가출이 허다하다. 땅이 좁으면 부모를 잘 만나야 잘 살고, 땅이 많으면 자수성가자가 많다.
　따뜻한 곳에 일어난 혁명은 성공하고 추운 곳의 반란은 실패한다. 남쪽은 복권을 많이 사고 북쪽은 적금을 많이 든다.
　개체변이와 자연선택이 결합된 진화론은 적절한 조건을 갖추면 살아남아 다음 세대로 이어져 전달된다.

미국 노스타코다는 가뭄이 심한 주인데 어느 해 봄 가뭄이 오래도록 계속되어 양어장을 경영하는 사람은 걱정이 태산이었다. 이대로는 필시 못에 물이 다를 것 같아, 더구나 여름이 되면 더 심해질 것이라 애가 탔다. 그러나 궁하면 통한다고 머리를 짜냈다.

　　물고기가 가뭄을 견디게 하는 훈련을 실시하여 아가미를 허파로 진화시켰다. 첫날은 1초, 다음날은 2초, 다다음날은 3초, 이런 식으로 햇볕에 노출시키는 시간을 늘려나갔다. 끊임없이 치밀하게 그의 계획을 시행한 결과 물고기들이 깡마른 땅바닥을 꼬리지느러미를 치면서 죽지 않고 돌아다니게 되었다. 그뿐만 아니라 병아리와 함께 모이까지 쪼아 먹어 기가 찼다. 처한 환경도 중요하지만, 환경 조건을 뛰어넘는 것이다. 다행히 그해 가뭄을 용케 넘겼지만, 다음 해 홍수로 인해 물에 빠진 물고기는 다 죽었다는 김열규가 쓴 글이다.

　　가난하면 돈을 모으고 허약하면 운동하고 무식하면 스승을 찾아가는 의지로 상황을 극복하며 환경에 적응해야 생존이 가능하다.

　　신이 죽었다고 한 목사의 아들 니체는 환경을 지배한 강한 자로 역사에 남아있다.

　　불경에 나오는 얘기다.

　　배가 항해 도중에 폭풍을 만나 뒤집혀져 사람은 다 죽고 원숭이만 살아서 표류하다가 어느 무인도에 상륙했다. 그 무인도에는 모두 한쪽 눈이 없는 원숭이들만 살고 있었다. 외눈 가진 원숭이들은 육지에서 온 원숭이를 둘러쌌다. 그중 한 원숭이가 말했다.

　　"저 원숭이는 병신이다. 눈이 두 개나 있어 이상하다."

　　외눈 원숭이는 육지 원숭이에게 다가가서 말했다.

　　"너는 병신이다. 너는 눈이 두 개다. 우리를 봐라. 모두가 눈이 한 개뿐이다.

너 같은 원숭이하고는 같이 살 수가 없다."

그러나 육지 원숭이는 말했다.

"아니다. 너희들이 병신이다. 원래 원숭이는 눈이 두 개 있어야 한다. 너희들이야말로 한쪽 눈을 잃어버린 병신 원숭이다."

그러나 육지 원숭이는 무인도의 외눈 원숭이를 당할 수 없었다. 자기를 응원해 줄 동료가 없는 육지 원숭이의 말을 듣던 외눈 원숭이들은 주먹을 휘두르며 고함을 질렀다.

"저런 병신이 꼴값을 하는군, 너와 같이 살 수 없다. 당장 이 섬을 떠나거라."

육지 원숭이는 슬픔에 젖어 먼 하늘을 보았다. 눈 뜬 자가 병신이 되어 깊은 한숨이 새어 나왔다. 육지 원숭이는 나뭇가지로 그의 한쪽 눈을 찔러 한쪽 눈이 먼 원숭이가 되었다. 외눈 원숭이들은 말했다.

"응 됐어. 이제야 너는 병신을 면했다. 이제부터 너는 우리 동지다. 같이 살아도 된다."

의식 생명 존재까지 오염된 말세, 올바르게 살지 않는 사람들이 많아서 올바르게 살기 힘들다. 도덕보다 능력이 우선이라는 자들의 적자생존 정글의 법칙이 난무하는데 소나무의 독야청청 참 힘들다. 그렇다고 지구를 떠날 수 없다. 생존을 위해 온 힘으로 깨달음이 모자라도 물들지 말길 바랄 뿐이다.

환경은 약한 자를 지배하지만 현명한 자의 목적을 완성 시키는 수단이 된다는 말이 베이컨의 수필집에 나온다.

흑야

　1986 노벨평화상 수상자 위젤의 자전적 작품 흑야의 줄거리다.

　이 세상에서 아주 캄캄한 곳 아우유비츠 수용소를 15세에 들어갔다.

　이 수용소에서 어머니와 누이동생이 죽었고 무거운 짐을 진듯 더깨를 늘어뜨리고 머리를 숙인 아버지를 만났다. 아버지의 손을 잡고 입을 맞추다 눈물 한 방울이 손 위에 떨어졌으나 나와 아버지 누구의 눈물인지 아무 말도 없었다.

　살고 죽는 것을 잊은 채 야간 구보로 부혜발트 수용소로 옮겨졌다.

　잠을 깬 새벽 피투성이 아버지가 돌아가시자 화장장으로 운반도어 사라졌다. 흘릴 눈물이 없어 울지 않았다.

　수용소에서 뼈만 앙상하게 남아 몸이 가벼운 한 소년이 교수형을 당하는데 빨리 죽지 않고 반 시간이나 매달려 버둥대다 죽었다.

　하나님은 지금 어디에 있는가?

　그분이 어디 있느냐고 그분이 여기 있다.

　여기 저 교수대에 매달려 있다.

　사악한 인간들이 하느님을 십자가에 매달아 죽인다.

　이것이 신이 죽었다는 니체 말의 증명이다.

5 산 33과 반야심경

흰구름은 그 누구를 찾아가고
푸른산은 누구를 기다리는가.

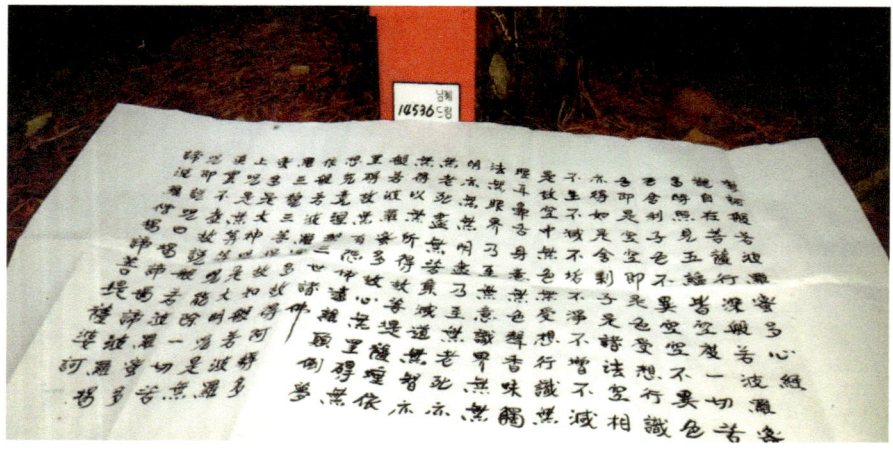

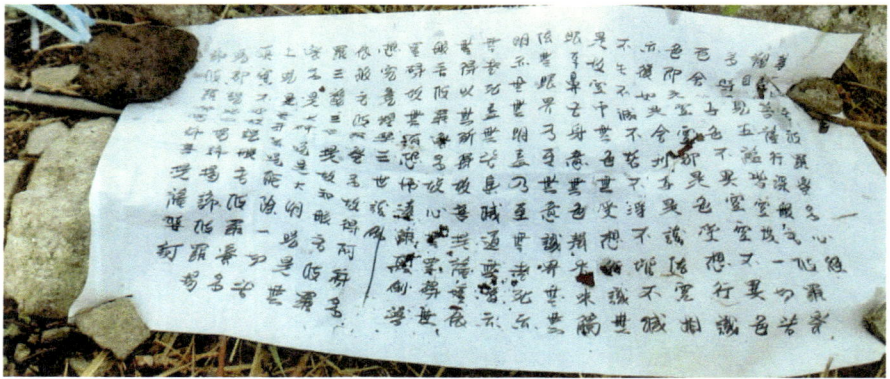

5. 산 33과 반야심경_271

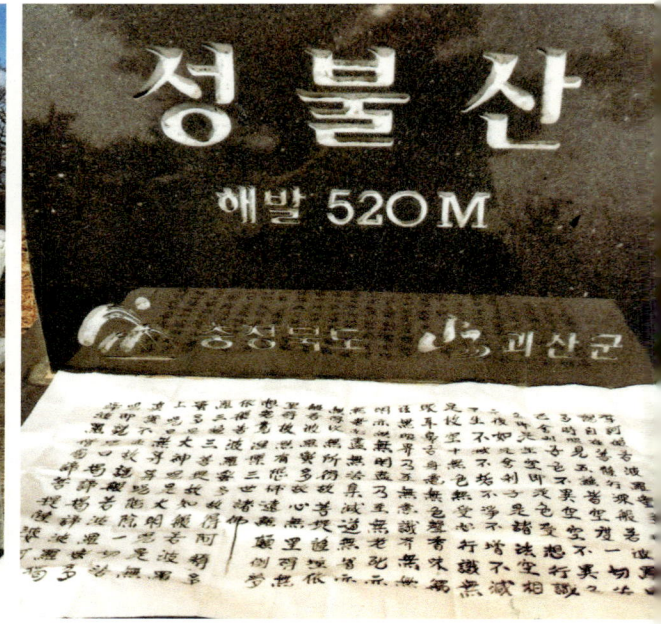

글 뒤에

잠두산 모릿재 바람따라
새 날아 깃털이 떨어지고
달이 지니 어둠이 운다
이 나이 팔순
세속의 욕심 떠난 적이 있는가
가피의 은혜 갚은 적이 있는가
부처의 법 머문 적이 있는가
시공으로 삶은 삶
인생공부 다하면 다 공(空)이라
황금 빛 성스러운 길 무슨말을 할까
꿈에서 깨어나라
저승문 죽음이 두드릴 때
나라고 불러도 없어질 나
이 뭐꼬

[참고문헌]

- 선으로 가는 길 석지현. 일지사 1975
- 만공 법어 만공문도회 수덕사 1982
- 선사 열전 아침문화원 아침 1983
- 머물며 흘러가며 구산 밀알 1984
- 문장백과 금성출판사 김무상 1988
- 한국 불교 인물 사상사 불교신문사 민족사 1990
- 큰 스님 선원빈 법보신문사 1991
- 고승 법어시리즈 이준우 오진원 1993
- 현대 고승 인물평전 불교전기문화연구소 불교명상 1994
- 한암일발록 한암문도회 민족사 1995
- 무문관 강의 이기영 한국불교연구원 2000
- 선과 시 두송백 민족사 2000
- 영원한 대자유 혜자 밀알 2002
- 사찰기행 조용헌 이가서 2005
- 월간 해인 해인사 편집실 2025
- 한국 관음 성지 33